U0600325

著作出版得到黑龙江省经济社会发展重点课题"乡村振兴背景下嫩江流域农业生态产品价值实现路径研究"（22364），黑龙江省哲学社会科学研究规划项目"多元主体协同视角下黑龙江省生态产品价值实现路径研究"（22GHL031）和黑龙江省哲学社会科学重点实验室培育项目"嫩江流域区域创新与产业融合发展实验室"的资助。

多元主体协同视角下
农业生态产品价值实现研究

齐秀辉　著

中国商务出版社
·北京·

图书在版编目（CIP）数据

多元主体协同视角下农业生态产品价值实现研究 /
齐秀辉著. -- 北京：中国商务出版社，2025. -- ISBN
978-7-5103-5602-5

Ⅰ. F323.22

中国国家版本馆CIP数据核字第20256M05B3号

多元主体协同视角下农业生态产品价值实现研究

DUOYUAN ZHUTI XIETONG SHIJIAO XIA NONGYE SHENGTAI CHANPIN JIAZHI
SHIXIAN YANJIU

齐秀辉　著

出版发行：中国商务出版社有限公司
地　　址：北京市东城区安定门外大街东后巷 28 号　　邮编：100710
网　　址：http://www.cctpress.com
联系电话：010-64515150（发行部）　　010-64212247（总编室）
　　　　　010-64243016（事业部）　　010-64248236（印制部）
策划编辑：刘姝辰
责任编辑：韩冰
排　　版：德州华朔广告有限公司
印　　刷：北京明达祥瑞文化传媒有限责任公司
开　　本：710 毫米 × 1000 毫米　1/16
印　　张：15.25　　　　　　　　　　字　　数：235 千字
版　　次：2025 年 6 月第 1 版　　　　印　　次：2025 年 6 月第 1 次印刷
书　　号：ISBN 978-7-5103-5602-5
定　　价：88.00 元

序　言

　　本书是对作者前期研究成果的总结，其中汇总了黑龙江省经济社会发展重点课题"乡村振兴背景下嫩江流域农业生态产品价值实现路径研究"（项目编号：22364）、黑龙江省哲学社会科学研究规划项目"多元主体协同视角下黑龙江省生态产品价值实现路径研究"（项目编号：22GHL031）和黑龙江省哲学社会科学重点实验室培育项目"嫩江流域区域创新与产业融合发展实验室"的部分研究报告内容与学术论文的研究成果，为推动生态产品建设、促进生态产品价值实现提供新的思路，为生态产品价值实现、推动经济高质量发展提供决策参考，助力乡村全面振兴，让生态产品价值实现成为推进美丽中国建设、实现人与自然和谐共生的现代化的增长点、支撑点、发力点。

一、坚持"两山"理念　推进乡村全面振兴

　　新时代新征程，乡村振兴成为国家发展的重要战略。包括产业振兴、人才振兴、文化振兴、生态振兴、组织振兴。这一战略不仅关乎农业、农村和农民的全面发展，更与生态环境保护、绿色发展紧密相连。其中，"绿水青山就是金山银山"的"两山"理念，为乡村振兴提供了科学指引和行动指南。

　　要使"绿水青山"成为"金山银山"，关键是做好"转化"这篇文章，也就是做好"将资源生态优势转化为经济社会发展优势"这篇文章，使"绿水青山"真正转化为"金山银山"。"两山"理念生动地揭示了经济社会发展与生态环境保护的辩证关系。绿水青山象征着优质的生态环境，是人类持久永续发展的基础。它既是自然本身蕴含

的生态价值，也是人类生存和发展的根本保障。而金山银山则代表绿色可持续发展，它要求我们在追求经济效益的同时，更加注重生态效益，实现人与自然和谐共生。

乡村全面振兴必须生态优先，绿色发展，坚持"绿水青山就是金山银山"理念。在全面推进乡村振兴的实践中，坚持"两山"理念，就是要把生态环境保护放在首位，实现生态优先、绿色发展。做好由绿水青山向金山银山的转化，必然依靠两条路径实现生态价值的保值、增值：一是直接转化路径，即生态产业化，主要针对可直接市场化交易的生态资源与产品；二是间接转化路径，即产业生态化，推动关联性产业发展，使难以直接转化的生态资源在关联性产业的发展中得到体现，形成产业发展中的生态溢价，转化为经济社会的市场价值。最终形成"资源→资产→资本→产品→产业"的生态产品价值实现路径。

二、以生态产品价值实现助推经济高质量发展

习近平总书记强调，"要积极探索推广绿水青山转化为金山银山的路径，选择具备条件的地区开展生态产品价值实现机制试点，探索政府主导、企业和社会各界参与、市场化运作、可持续的生态产品价值实现路径"。党的二十大报告指出，"中国式现代化是人与自然和谐共生的现代化"。新时代新征程，应站在人与自然和谐共生的高度谋划发展，提供更多优质生态产品，进一步拓展生态产品价值实现路径，源源不断地挖掘"绿水青山"中蕴含的"金山银山"，让绿色成为经济高质量发展的鲜明底色。

党的二十届三中全会通过的《中共中央关于进一步全面深化改革　推进中国式现代化的决定》指出，健全生态产品价值实现机制。加快推进生态产品价值实现是推动经济高质量发展、加快建设人与自

然和谐共生的现代化的内在要求。

　　进一步健全资源环境要素市场化配置体系，用好绿色财税金融政策，让经营主体在保护生态环境中获得合理回报。实现生态产品价值，必须有财税、金融、土地、技术、人才等要素保障。应充分发挥有效市场和有为政府的作用，以要素保障赋能生态产品价值增值，使生态产品的经济价值被市场认可、生态价值充分显现、社会价值稳步提升。

　　推进生态产业化和产业生态化，培育大量生态产品走向市场，让生态优势源源不断地转化为发展优势。在维持生态系统可再生的前提下，升级传统生态产业，培育新兴生态产业，布局未来生态产业，推进生态产业化和产业生态化，将丰富的自然资源转化为高附加值、高影响力的生态产品。在此基础上，拓展生态产品产业链和价值链，拓宽生态优势转化为经济优势的实现路径，并通过发展生态农业、生态工业、生态旅游业等各类产业，增加生态产品供给，培育生态产品区域公用品牌。

　　全书分为10章：第1章为绪论；第2章为生态产品相关概念界定与理论基础；第3章为基于农业多功能视角的嫩江流域农业生态产品现状调查分析；第4章为基于扎根理论的农业生态产品价值实现的影响因素分析；第5章为农业生态产品价值实现效率评价与成效分析；第6章为农业生态产品价值实现的组态分析；第7章为农业生态产品价值实现多元主体协同机理分析；第8章为农业生态产品区域品牌价值实现的组态分析与经验借鉴；第9章为多元主体协同视角下农业生态产品价值实现的对策与建议；第10章为结论。

　　本书在撰写过程中，学术界的朋友给予了莫大的支持和鼓励，感谢你们的指导与帮助，特别感谢我的研究生付丽爽在数据收集和数据分析中艰辛的工作与付出。同时，本书借鉴了国内外的相关研究成果，在此对各位学者、专家表示由衷的感谢！

作者

2024年12月

目　录

1 绪 论

part 1

1.1 研究背景

随着全球经济的迅猛发展，与之密切相关的环境恶化、资源紧张等一系列生态倒退问题愈加严重，人与自然的矛盾日益凸显[1]。如何实现人与自然和谐共生，成为亟待解决的问题[2]。从联合国千年发展目标（MDGs）到联合国可持续发展目标（SDGs），生态环境的服务功能以及可持续性一直被强调和重视。中国积极响应，承担起大国责任，展现出应有的担当。从"十三五"规划到"十四五"规划，从党的十八大到十九大，党中央围绕生态建设作出了一系列政策部署。2015年，中共中央 国务院印发的《生态文明体制改革总体方案》提出，树立自然价值和自然资本的理念，保护自然就是增值自然价值和自然资本的过程。党的十九大报告提出，要提供更多优质生态产品以满足人民日益增长的优美生态环境需要。2019年，《中共中央 国务院关于建立健全城乡融合发展体制机制和政策体系的意见》提出，探索生态产品价值实现机制。2021年，中共中央办公厅、国务院办公厅印发的《关于建立健全生态产品价值实现机制的意见》提出，到2035年，完善的生态产品价值实现机制全面建立，对生态产品价值实现机制作出顶层设计。生态产品价值实现是对生态文明原则的有力回应，其实际运作及路径的探索对将生态文明理念转化为具体行动至关重要。党的十九届六中全会展现了对生态文明建设前所未有的重视与关注。党的二十大报告指出，站在人与自然和谐共生的高度谋划发展。"绿水青山就是金山银山"的理念，既作为理论导向，也作为实践策略，引领着我们前行。生态产品作为"两山"理论的现实抓手，集生态属性与经济属性于一体，生态产品价值实现成为化解环境污染与经济增长之间矛盾的重要力量，是实现生态与经济耦合发展的关键举措。结合社会发展进程来看，我国目前已经进入提供更多优质生态产品才能更好地满足人民日益增长的优美生态环境需要的攻坚期。

近年来，我国把生态文明理念贯穿经济社会发展各方面，全方位推进绿色化建设，在生态产品价值实现路径方面做了大量探索和实践，取得了一定的成效。目前，我国生态产品价值实现已经进入全面铺开阶段，但生态文明建设依然任重道远，理论和实践方面仍存在诸多问题阻碍其进一步发展[3]：生态产品价值实现的模式不清晰；一些地方在摸着石头过河，而大部分地方则对如何推进生态产品价值实现感到无所适从。另外，乡村地域因拥有丰富的自然生态资源和强大的生态产品生产能力，成为我国实现生态产品价值转化的核心地带和战略要地。面对新发展阶段乡村振兴的重大挑战与需求，探索并制定既具体又具备实践可行性的生态产品价值转化模式与机制，使其与乡村实际情况紧密结合，成为当务之急。如何助推新发展阶段经济高质量发展和乡村振兴目标的顺利实现，是当前亟待解决的重大现实问题和科学命题。

为此，学术界围绕生态产品内涵、实现机制、实现路径、存在问题等展开生态价值向经济价值转化的研究。目前，大多数相关研究聚焦于理论解释与案例总结，在生态产品价值实现的影响因素探究和组态视角下的路径研究上却存在不足。因此，本书从"两山"理论出发，借助生态产品这一有效载体，对自然资源系统和社会经济系统共生状态下的影响要素进行研究，运用扎根理论探寻生态产品价值实现的影响因素，从组态视角下研究生态产品价值实现路径，更有效地推动生态产品价值实现，以期破解区域"绿色贫困"和"金色污染"难题，推动区域全面生态化发展，使绿色成为经济高质量发展的鲜明底色。

1.2 研究目的与意义

1.2.1 研究目的

开发生态产品是转变经济发展方式、调整经济结构的重要手段，其调和了我国以前粗放式经济与脆弱性生态之间的矛盾，使生态中有经济、经济中有生态。同时，乡村地区生态资源丰富，成为生态产品建设、促进乡村地区经济发展的重要切入点。因此，如何进行生态产品建设、推动生态产品价值实现成为重要的命题。本书在对现有文献以及各项理论进行梳理总结的基础上，系统构建了农业生态产品价值实现影响因素体系，并通过定性比较分析（Qualitative Comparative Analysis，QCA）探究影响因素间的组合态势，进而寻找生态产品价值实现的驱动路径，期望在理论上进一步丰富现有成果，在实践上为相关主体和地区进行生态产品建设提供参考。具体研究目标如下：

①分析生态产品价值实现的影响因素，进一步明确生态产品价值实现机理。通过对相关文献的查找与梳理，根据扎根理论，经过开放式编码、关联式编码、核心式编码，层层递进，最终找到生态产品价值实现的影响因素，形成生态产品价值实现影响因素的综合分析框架。

②揭示触发生态产品价值实现的不同路径组合，研判生态产品价值实现路径中的关键影响因素。借助QCA的研究方法，揭示这些前因变量是如何影响生态产品价值实现的，探究其中可能存在的多重路径，进一步找到这些路径中变量之间潜在的替代关系。

③提出推动生态产品价值实现的对策或建议，帮助相关主体找到生态产品建设的关键与重要着力点，使其明晰如何组合现有条件可以培育出更有竞争力的生态产品，从而更有效地推动生态产品价值实现，促进地方经济生态和谐发展。

1.2.2 研究意义

生态产品价值实现以生态与经济的耦合性发展为核心，是"两山"理论的现实依托。现阶段，生态产品建设遇到发展困境，发展设想与实际情况不匹配，影响了生态产品的价值实现。因此，对生态产品价值实现路径的研究意义重大。

（1）理论意义

①进一步丰富了生态产品价值实现的研究视角。通过对以往的文献进行研究发现，学者们侧重于对生态产品进行实践归纳和描述性总结，基于经验素材从组态的角度探寻生态产品价值实现的影响因素之间的联动较少。基于此，从组态视角找出生态产品价值实现的驱动路径，可以为推动生态产品建设、促进生态产品价值实现提供新的思路。

②丰富生态产品价值实现的理论体系。基于生态产品的系统观点，综合运用生态经济理论、组态理论、空间异质性理论、价值理论等多学科理论，拓展生态产品研究的新视角，系统构建生态产品影响因素→生态产品价值影响因素的综合框架→生态产品价值实现成效评价体系→组合发展路径。

③使用扎根理论，从实践中对生态产品的影响因素体系进行研究，弥补了现有研究的不足，对生态产品价值实现的影响因素研究进行了拓展。

（2）实践意义

①本书制定出切实可行的生态产品价值实现路径选择和实施方案，有利于更好地挖掘生态产品的价值，助力地方多个主体打造优质生态产品，实现"绿水青山"与"金山银山"的双向驱动，让生态产品价值实现成为推进美丽中国建设、实现人与自然和谐共生的现代化的增长点、支撑点、发力点。

②有利于政府更加合理地对生态产品建设进行政策支持与协助，提升地方政府在区域发展中的综合治理水平与服务水平。政府能够根据所在地区的实际情况，更加"接地气"地进行生态建设，增强资源建设的有效性，提升政府治理能力。

③有利于推动企业进行绿色变革，促进生态效益与经济效益的双赢。对生态产品的影响因素进行研究，能够使企业以更加长远的眼光看待利益追求，促使企业承担起社会责任，加大技术创新投入，重视生态建设，将绿色贯穿价值链条的各个环节。

1.3 国内外研究现状

1.3.1 国外研究现状

生态系统服务萌芽于20世纪70年代Westman的研究，到90年代在Constanza等学者的推动下，为人所熟知。在人口增长、气候变化、自然灾害频发、城市化进程等多重压力的驱动下，生态系统服务研究的紧迫性不断加强。2005年，千年生态系统评估（Millennium Ecosystem Assessment，MA）公布的生态系统评估框架更是引起了全球范围内对生态系统服务的关注，生态系统服务等相关问题成为学术界的重要研究议题。

（1）生态产品的内涵研究

"生态产品"一词是我国提出的独创性概念，国外最开始称为"生态服务""环境服务[5]""自然资本[6]"。生态系统服务（Ecosystem services，ES）是20世纪末随着国际生态保护科学研究的不断推进而诞生的概念，最初是针对环境问题提出的，希望通过计算生态系统所产生的经济价值揭示环境对人类发展的重要性，从而引起社会对环境问题的重视。但是，在后续的演化进程中，不少学者对此提出质疑，他们认为这凸显了人类中心主义（Lantenbach et al.，2019）。在经济利益的驱动下，人们不断加大对环境的开发强度和力度，从而与生态服务概念的初衷背道而驰（Fairhead et al.，2016），陷入新自由主义的纯市场导向中[7]。事实上，生态系统服务是一种"全系统意识"的观点，而非任何"中心主义"思想[8]。

生态系统服务作为一种加强环境保护的重要手段[9]，顺应了可持续发展的目标趋势，并与经济发展、社会稳定、政策制定等密切联系，进而衍生出许多跨学科、跨领域的研究视角，包括城市化视角、文化生态系统服务视角、自然资本视角。

①城市化视角。生态系统服务的研究与城市化水平有着密切的联系，城市化水平高的地区（如北美、欧洲），对生态系统服务的研究较为集中，城市化进程慢的地区则研究较少[10]。城市化与生态系统服务之间存在互动关系，一方面，城市化过程中土地利用的变化影响着区域生态的分布，改变着原有的系统结构，对生态系统的供给能力产生影响[11]；另一方面，生态环境会引起资源的紧张，限制城市化的发展进程。

②文化生态系统服务视角。生态系统服务包括供应服务、调节服务、支持服务、文化服务，最初供应服务、调节服务、支持服务向人类提供物质利益，受到较多的关注，但随着经济的发展，文化生态系统服务成为学术界重要的研究点。文化生态系统服务是指人们通过精神丰富、认知发展、思考、娱乐和审美体验从生态系统中获得的非物质利益（Reid，2005），人类健康对景观有着很大的依赖性，文化生态系统服务对人类福祉的影响重大，受价值观、气候变化、人口流动、土地利用等因素的影响[12]。

③自然资本视角。自然资本通常被定义为能够在没有直接人类干预的情况下产生剩余存量或者利润的自然资源，即以任何形式、以自我再造的方式创造其产品。自然资本对可持续性目标的实现意义重大，若自然资本在一定时期内增加，则可实现较强的可持续性，如果自然资本的减少可以通过其他类型的资本进行弥补，则可以实现较弱的可持续性[13]。关键是自然资本与其他类型资本之间的可替代性存在限制[14]，如森林生态系统和海洋生态系统[15]，由于具有较强的不可替代性，所以会得到优先保护，从而实现较强的可持续性[16]。

（2）生态产品价值的实现路径

国外学者对生态产品的价值认识最初聚焦在为人类经济利益服务的功利性价值上，而生态系统作为资本资产的认识可以追溯到柏拉图时期。1950年前后，生态系统服务的研究主要以可再生资源为主（Gordon，1954），之后扩大到不可再生资源（Dasgupta and Heal，1979）、环境设施，21世纪初，开始进行跨领域的整合式研究，包括生态学、经济学、政策制度等（MA，2005；Ruhl et al.，2007）。随着学术界对生态系统服务认识的不断深入，进入批判、多样化的认识阶段。学者批判生态系统服务这一概念过分强调了经济价值，忽视了美学、道德、文化等价值，扭曲了人与自然命运与共的发展理念。有关生态产品价值实现路径问题的研究，主要是伴随现实问题而出现的。根据政府与市场的参与程度，可以将生态产品价值实现路径分为三类：政府手段，包括生态补偿、生态修复；市场手段，包括生态服务付费、生态产业化；混合手段，包含资源配额交易。

①政府手段：生态产品具有公共属性，个人往往是从经济利益的角度出发，在一些问题的处理上缺乏有效性，需要政府从中调节，进而保证生态产品建设的顺利推进。美国的土地休耕计划，强调对生态环境的尊重与修复，通过放弃暂时的土地使用或者退耕还林还草，运用自然的方式增强土地的承载力；巴西的财政转移支付制度则是一种典型的纵向生态补偿，政府向为保护生态环境而作出牺牲的个体提供一定的经济补偿，减少受补偿方所遭受的损失[17]。

②市场手段：为有效调动非政府主体在生态产品建设中的贡献，解决一些外部性问题，有必要通过市场化的方式，实现效益外部化、成本内部化[18]，通过利益联结机制增强其在生态保护中的自觉性，发挥市场在资源配置效率中的积极作用。哥斯达黎加下游地区的水电开发为了不受泥沙淤积的影响，向上游地区植树造林支付费用，这是获得价值一方补偿提供价值一方的一种价值实现方式，即生态服务付费[19]；瑞士的森林经理计划本质上是生态产业化的实现方式，在采伐量低于生长量的前提下，保证森林的生产与修复能力处于稳定状态，从而将瑞士打造成欧洲木材出材量最大的地区[20]，即将资源的开发与利用设置在一个合理范围内，在被保护的前提下将生态资源资产化、生态资产资本化，最终实现生态效益与经济效益的双赢。

③混合手段：政府具有强制性，但缺乏效率，市场效率高，但缺乏持续性，二者结合则可以有效弥补彼此的不足。资源配额交易是一种混合化的方法，美国湿地银行就是运用这种方法，首先根据各区域的实际情况，设置一定的湿地定额，然后将超出限额的湿地作为一种资产储存在银行，湿地需求方可以通过市场进行湿地资源的交易、权属的转移，进而抵消开发建设项目对湿地造成的破坏[21]。

（3）生态产品价值评估方法

国外对生态系统服务价值的衡量可追溯至20世纪70—80年代，部分学者开始关注生态系统的经济价值。1997年，生态经济学家Costanza发表《全球生态系统服务与自然资本的价值估算》，首次提出生态系统服务经济价值评估框架，奠定了价值评估的理论基础。生产函数分析基于生态系统服务的贡献，通常被用于对被估价的生态系统服务与营销商品的产出水平之间的因果关系的研究。但这种方法缺乏足够的数据，也缺乏对被估价的生态系统服务与市场商品之间因果关系的理解[22]。恢复成本法（RCM）通过生态系统服务受损后更换或恢复的成本评估生态系统服务的价值，其目的是恢复失去的消费者剩余和非使用价值[23]。旅行成本法（TCM）评估个人对非市场商品的偏好，其中消费与购买旅行成本相称（Garrod and Willis，1999），应用于户外娱乐。此外，还包含享乐主义定价或有估值等，往往需要应用于不同的发展场景。

（4）区域品牌

国外学者对区域品牌有多种表达，如 regional brand、cluster brand、place brand、geo-branding 等，首位提出区域品牌的 Kevin Lane Keller（2003）认为，与产品和人一样，地理位置或某一空间区域也可以成为品牌，即为区域赋予了区分其他区域的具有可识别性的身份（Konecnik Ruzzier and de Chernatony，2013），从而与其他品牌区分开（Cecilia et al.，2017）。Stephen 和 David（2013）认为，品牌可以分为地区品牌、区域品牌和目的地品牌。区域品牌是受众感知到的，由功能、情感、关系和战略等多种元素形成的组合体（Kavaratzis，2015），其内容包括产品标识、品牌声誉等（Vertica，2010）。由此来看，区域品牌存在的一个好处是，消费者往往从认知上将产品与地区相联系，但实际上品牌可以到处移动（Charters and Spielmann，2014），便于品牌的全球化发展。从市场营销理论角度来说，区域品牌化被认为采用传统的营销和品牌化方法来创造"区域形象"（Tiwari and Bose，2013），区域品牌被视为区域产品附加值的一种体现（Martinovic，2002）。

学者们主要从利益相关者角度来研究区域品牌的建设问题。区域品牌是实现差异化和提高市场力量的重要工具（Ham，2008），应被视为一个参与过程（Vuorinen and Vos，2013），区域品牌发展的相关战略应基于每个地区内部利益相关者的意见（Konecnik and Chernatony，2013）。区域品牌的建设必须根植于一种独特的身份，通过一定的契约关系，满足利益相关者的利益诉求（Donner and Fort，2018）。利益相关者由于身份地位的不同，会对品牌在市场中的形象产生一定影响（Martin and Capelli，2016）。品牌形象是区域品牌的重要组成部分，大卫·奥格威提出了品牌形象的概念，认为品牌形象是有关产品和服务在消费者心中的综合印象，消费者或受众的感受与评价决定了品牌建设的成败，好的品牌形象能够满足人们的某种价值需求。

1.3.2 国内研究现状

与国外相比，我国生态产品价值实现研究起步较晚，与国外的生态系统服务研究存在很大差异。生态产品价值实现是"两山"理论的重要依托和现实抓手，是破解经济与环境问题的重要着力点，学者们的研究热点集中在生态产品的内涵、分类、实践模式、价值核算等方面。

（1）生态产品的内涵

"生态产品"是随着生态文明建设不断加强而出现的新词，是调和高质量发展背景下经济与生态之间矛盾的一种手段，在高质量发展的要求下，学者们对生态产品的关注度不断提升。国内对生态产品的概念研究经历了3个发展阶段——狭义阶段、广义阶段、深化阶段。首先是狭义阶段，2010年发布的《全国主体功能区规划》，将生态产品资源要素化，通过供给、调节等生态服务产生生态效益[24]。这一阶段虽然表明了生态所蕴藏的社会价值，但将生态产品视为一种要素，限制了其使用范围，处于原材料初级开发阶段。其次是广义阶段，不仅继承了狭义阶段的要素属性，也包括以绿色发展理念为核心[25]将资源经过产业化加工衍生出的生态工艺品、生态农产品等产品[26-27]和为满足人类物质消费与非物质消费需求而提供的一些休闲、旅游等文化服务[28]。2021年发布的《中共中央办公厅　国务院办公厅关于建立健全生态产品价值实现机制的意见》，推动了学术界对生态产品的深入研究，人们对生态产品的认识进入深化阶段[29]。生态产品的存在不仅丰富了原有的产品类别[30]，还延伸了已有的三大业态[31]，从而表明生态产品不仅具有价值，还具有增值能力[32]。这表明，随着经济的发展，随着产业的跨界融合，生态产品的概念不断向外拓展延伸，生态产品价值也变得更加复杂。

（2）生态产品的分类

生态产品内涵丰富，包含多种要素，学者们从不同角度对其进行分类。首先，从供给与需求的角度来看，在供给层面，生态产品可依据其特征划分为四大类：基于自然要素的生态产品、展现自然属性的生态产品、生态衍生商品和承载生态标识的产品。在需求层面，生态产品可分为服务于大众的生态公共产品、满足个体需求的生态私人产品和介于两者之间的生态准公共产品。其次，就产品的具体形态而言，生态产品涵盖生态物质产出、生态文化提供的服务，以及生态调节功能服务。最后，从产权归属的角度划分，生态产品包括面向全体公众的公共性生态产品、具有部分公共属性的准公共性生态产品和可进行市场化运营的经营性生态产品。

（3）生态产品价值实现路径

生态产品价值实现是将生态资源内在价值外部化的变现手段，是我国面向生态文明建设提出的具有中国特色的、秉承可持续发展观的概念，是探索穿越环境库兹涅茨曲线、实现经济高质量发展的创新实践。我国生态产品价值实现研究自20世纪90年代至今，经历了从政府主导到多元主体共同参与的发展历程[33]，以产权拥有程度为核心，可细分为公共性、经营性、准公共性三种类型，根据其不同的特点，分别对应政府路径（生态补偿）[34]、市场路径（生态产业化经营、生态资源产权交易）[35-37]、"政府+市场"路径[38-42]。

路径一：公共性生态产品对应政府路径。该类生态产品的产权不属于个人，而是社会全体共有财富，对人类未来发展具有十分重要的意义。但由于其非排他性和非竞争性的特点，容易遭受破坏。因此，对于自然保护区、湿地等具有公益免费性质的纯公共物品，应当把生态保护放在首要地位，增强其生态承载能力，加强监督与管理，通过生态补偿实现生态价值保值、增值[34]。

路径二：经营性生态产品对应市场路径。该类生态产品的私有化特点显著，资金主要来源于企业和社会，在政府的政策激励下，创造生态产品的经济价值，产生比较大的外部效益，实现价值增值甚至周边产品溢价。此外，该类生态产品的价值既可以通过将生态资源的优势转化为生态产品等直接转化路径实现，又可以借助生态产品优化配置、组合及金融市场交易等间接转化路径实现[35]。首先，产权归属明确的私人产品有着较为明确、完善的产业链条，市场上的供需主体明晰，如绿色农产品，产权明晰、价值可量化。生态产品价值实现的关键是注意产品品质、交易方式等，应用先进的技术提高产品质量，增加其附加值，从而以双方满意的价格实现产品价值，生态产业化经营[36]。其次，经营性生态产品可以进行权属交易，促进资源的合理流动与再创造。通过空间规划，明晰产权，将资源产权在所需主体之间进行交易，吸引社会主体投资与建设，实现生态、经济、社会等综合效益，即生态资源产权交易[37]。

路径三：准公共性生态产品对应"政府+市场"路径[38]，由多方共商共建，寻求利益最大化。目前，以政府为主、市场为辅的价值实现路径成为研究热点。例如，以中央生态补偿和转移支付为主，发展合作社和特许经营高端畜牧业与生态体验为辅的生态产品价值实现模式[39]；我国碳汇交易市场刚起步，在市场建设方面存在一些亟待解决的问题，需要着力构建并完善"政府主导、社会参与、市场化运作"多元化的交易体系[40]；浙江作为"两山"理念的发源地，根据实践经验指出，要进一步构建生态产业化经营机制和生态资产长效管护机制，强化资金保障和科技支撑[41]；生态产品价值实现是"两山"转化的理论化表达，生态产品供给主体多元化是"两山"转化的重要支撑，要将政府放在主导地位，发挥市场机制作用，健全公众参与机制，是"两山"转化的关键路径[42]。

随着生态产品的研究不断深化，学者们对路径研究的视角也变得更加丰富。比如，从产品类型视角[43]来看，生态产品可以分为物质供给类、文化服务类、调节服务类，分别对应直接市场交易路径、生态产业化路径、生态补偿和财政转移支付路径；从付费主体来看[44]，生态产品价值实现有四条路径：公众付费路径、公益组织付费路径、政府付费路径、多元付费路径；张倩霓等将路径置于同一宏观框架，按照资金链、技术链、政策链、产业链、交易链分类提出了五种实现路径[45]。此外，刘耕源等[46]、刘畅等[47]、周一虹和郭建超[48]从农业、海洋、草原等生态系统角度出发，提出相应的生态产品价值实现路径。

（4）生态产品价值实现的衡量方法

确定生态产品的价值是实现其价值转化的关键基础。而生态产品价值评估则是实现这一转化的核心要素，它直接关联到生态产品的定价机制。与其他商品相比，生态产品的地域独特性、外部影响性以及形态的非传统性，使其价值的评估与量化尤为复杂，需要采取多元化的视角和方法进行全面考量。目前主要有两种产品测算视角，一种是从投入产出角度出发，对生态产品的供给效率进行核算，如采用分布式测量方法对森林生态系统服务进行评估[49-50]，使用 DEA 和 Tobit 模型对森林生态产品、水生态产品的供给效率进行实证分析[51-52]；另一种是生态产品价值核算（GEP），由欧阳志云（2012）提出，该核算方法主要由生态系统产品价值、生态系统调节服务价值和生态系统文化服务价值三部分组成，主要采用生态功能量与价格的乘积进行价值计算[53]，随后，刘耕源等从热力学角度，根据能量守恒定律，提出能值分析方法来衡量自然生态系统的生态产品，更好地解释了自然资产及生态服务功能的产生[54]。但在 GEP 框架和指标体系方面，尚未形成公认的、科学的评估框架。马国霞等将生态价值与经济价值同时考虑，提出了经济与生态生产总值的核算框架[55]，欧阳志云、石敏俊和陈岭楠从生态功能量和生态经济价值量两个角度进行了测算[56-57]，对 GDP 与 GEP 进行区分。另外，根据生态产品市场化的程度，生态产品价值评估有直接市场法（费用支出法、影子价格法）、替代市场法（旅行费用法、享乐价格法）、意愿调查法三类。此外，由于不同地区的生态环境存在较大差异，使不同地区核算指标体系存在明显的区域特色，如深圳市的二级指标构建与浙江丽水的指标存在比较大的差异[58]，从而加大了同一套指标体系在全国推广的难度。

（5）区域品牌

区域品牌由地理范围和物质载体构成，既包括某一区域，也包括某一标志标识（陆娟和孙瑾，2022）。区域品牌是对某区域命名的公用品牌的统称，区域品牌在范围上不受约束，既可以是大范围的概念，也可以是小范围的概念，还可以自上而下辐射，呈现一种兼容的关系（雷亮和吕琪，2023），如国家品牌、城市品牌、地区品牌等（孙丽辉等，2009）。

国内学者看待区域品牌，主要有地理标志观、产业集群观、产品品牌观三种观点（朱桐等，2023）。地理标志观意味着品牌建设使用的是地理标志，体现地域形象，所有的区域品牌都属于此类，后两种观点则表明了区域品牌名形成的载体，一种借助产业集群，另一种借助产品。从产业集群观来看，区域品牌建设立足于产业集群，离不开企业、协会等主体的共同帮助。区域品牌是以"区域+内部优势产业"命名（袁胜军等，2020），依托于区域内某一特色产业发展起来的，是区域内产业、企业、产品或服务及其品牌集体行为的综合表现（李亚林，2012），也是一定区域内众多企业共享的无形资产（林敏，2010；王宁，2011），能够给相关企业带来潜在的口碑和声誉，推动区域经济的迅速发展。从品牌构建的地域性视角出发，强调区域品牌的命名应遵循"地域+产品名称"的模式，这一命名模式需要融合地域特色、产品类别及品牌形象三大核心要素，并且地域与产品之间应存在不可分割的联系。进一步指出，真正能够被誉为"区域品牌"的是那些深深植根于特定地域，依托当地独一无二、不可复制的自然资源成长起来的农产品及其加工制品，这些产品因地域的刚性约束而独具特色（胡正明和蒋婷，2010）。

1.3.3 文献述评

（1）已取得的研究成果

首先，在生态产品的界定上，国内外对此有不同的理解与认识。国外学者最初在环境与经济问题上，将自然对人类的产出视为一种生态系统服务，经历了一个由浅入深的发展历程，由物质层面逐渐向非物质层面过渡，丰富了生态系统服务的价值与功能，比较接近我国对生态产品的现有定位，但具体到生态产品时，认识比较片面，属于浅层次的认识。其将生态产品视为标签化、凸显绿色环保，即主要通过节能减排生产的产品，如有机食品、生态工业品等，侧重于对生产技术的改进，是一种工业化的生产方式，忽视了生态自身的创造力，其核心是产业生态化。国内学者则将生态产品看作生态系统服务，关注生态自身，研究视角由单一的"要素化"向"要素+产品+服务"拓展，其核心既包括产业生态化，也包括生态产业化。同时，随着研究的不断深入，生态产品的分类愈加细化，呈现不同的分类结构，使相关的研究体系不断丰富。

其次，关于生态产品价值实现路径的研究，西方国家起步较早，为我国进行生态产品建设提供了经验与参考。不论是国内还是国外，虽然在具体方法上略有不同，但都体现了政府属性和市场属性，而且国内的路径研究视角更加丰富。目前，"政府+市场"的实现方式成为我国的研究热点。学者们对混合化实现路径的关注在一定程度上表明了生态产品的价值实现需要更多人的参与，需要政府和非政府力量的共同努力。

（2）现有研究的不足

首先，现有文献中从实证角度对生态产品进行研究的较少，研究大多集中于理论层面，缺乏利用数据对不同区域的生态产品发展状况和其对中国区域经济发展产生影响的分析。其次，生态系统是复杂的动态系统，其组成变量经常在一系列时间和空间尺度上以非线性方式相互作用。在研究生态产品价值影响因素方面，现有文献大多是站在个例角度进行考虑，未对导致区域生态产品建设差异的原因进行深入探讨，不能系统揭示多要素互动的复杂运行机理。最后，在对生态产品价值实现路径的探索上，现有文献主要从政府、市场等主体视角、物质供给类等产品类型视角、公众等付费主体视角进行路径的研究与设计，是一种宏观性的研究，不利于实践的进行与开展。

基于以上分析，本书从多个层面出发，借鉴社会学、管理学等交叉学科理论，聚焦于要素视角，在扎根理论的基础上，研究生态产品价值实现影响因素与生态产品价值之间的作用关系及其机理机制。此外，为了更加准确地描述生态产品价值的形成，在研究中运用QCA方法，聚焦于"组态效应"分析，将生态产品价值实现的影响因素纳入同一个分析框架，探究其之间的内在关联，探寻生态产品价值实现路径的多样化，从而使政府等相关利益主体能够更加契合实际地采取措施提升生态产品，为其他地区进行生态产品建设提供新的发展思路。

1.4 研究内容与方法

1.4.1 研究内容

本书主要是针对生态产品在复杂因素影响下的价值实现问题，首先通过研读相关理论知识和文献，理解生态产品的相关概念。其次基于扎根理论对生态产品的影响因素进行概括，从而形成生态产品影响因素的分析体系，并对其影响机制进行重点研究。最后经过模糊集定性比较分析（fsQCA），从组态视角下寻找促进生态产品价值实现的多条路径。除绪论外，本书内容主要分为九大部分。

第一部分，生态产品相关概念界定与理论梳理。首先，系统梳理有关生态产品、生态产品价值实现的国内外相关研究。其次，针对现有研究的不足，提出本书的研究思路。最后，以外部性理论、公共产品理论、生态经济理论、组态理论、价值理论等为指导，梳理国内外文献，探究生态产品、生态产品价值、生态产品价值实现的内涵，为本书研究奠定了理论基础。

第二部分，基于农业多功能视角对嫩江流域农业生态产品现状进行调查分析。首先界定了嫩江流域范围，然后从农业多功能视角对该区域的农业生态产品分类，包括生态农产品、水生态产品、生态旅游产品、森林生态产品等。重点以流域内农业大省黑龙江为例，阐述了农业生态产品发展的现状，在此基础上分析了农业生态产品价值实现的机制建设困境以及区域品牌建设存在的问题，为后文提出对策建议奠定了基础。

第三部分，基于扎根理论的农业生态产品价值实现的影响因素分析。生态产品建设是一个复杂的系统工程，受诸多因素的影响，但相关研究比较缺乏。本书采用扎根理论的方法，从实践中归纳理论，通过开放式编码、关联式编码、核心式编码等方式对自然资源部发布的生态产品价值实现典型案例进行分析，进而提炼出影响生态产品价值实现的条件，并进行生态产品价值实现影响因素的综合分析。

第四部分，农业生态产品价值实现效率评价与成效分析。首先，基于熵值法的农业生态产品价值实现指标测度。在扎根理论所获得的生态产品价值实现影响因素的基础上，结合现有研究，构建生态产品价值实现效率的多指标评价体系。然后，基于熵值法进行总指标及一级指标的测度。最后，对数据进行校准，增强数据的可比性。

第五部分，农业生态产品价值实现的组态分析。从组态视角出发，采用fsQCA方法，分别进行单个条件的必要性分析和条件组态的充分性分析，画出生态产品价值实现的多条驱动路径，并将路径结果对应到具体产品案例上，对其做法进行总结，找出可取之处。首先，采用调整一致性阈值、调整案例频数阈值、检验因果非对称性的方法检验结果的稳健性。然后，对得到的条件组态结果进行异同比较，进一步识别出各变量之间存在的潜在替代关系，凸显一些条件存在的重要性。最后，基于区域异质视角展开进一步分析，探究不同区域特点下的生态产品价值实现路径。

第六部分，农业生态产品价值实现多元主体协同机理分析。农业生态产品多元经营主体包括企业、政府、农民、生态保护协会、消费者等。从生态产业化和产业生态化角度构建农业生态产品价值实现协同机理模型，并从区域品牌建设角度分析农业生态产品区域品牌建设的影响因素和形成机理，在此基础上从多元主体协同视角分析农业生态产品价值演化路径。

第七部分，农业生态产品区域品牌价值实现的组态分析与经验借鉴。以果品类农业生态产品为例，进行区域品牌价值实现的组态分析。首先进行研究设计，包括理论模型构建、案例选择和变量确定；然后进行组态分析，以及稳健性检验，总结出果品类农业生态产品区域品牌价值实现的组态路径；最后介绍了国内外果品类区域品牌建设的典型案例，为后文提出对策与建议提供参考。

第八部分，农业生态产品价值实现的对策与建议。生态产品价值实现是多主体参与的过程，不同主体由于自身能力、资源的差异，发挥着不同的作用。本部分分别从政府、企业、金融机构、民众、媒体等多元主体角度，提出农业生态产品价值实现的具体对策与建议，为区域发展生态经济，提升农业生态产业价值提供决策参考。

第九部分，研究结论。系统归纳本书研究所得出的结论，在此基础上，从我国实际出发，基于主体视角和区域异质视角，提出更具有针对性的管理启示，以期待更好地推动生态产品建设。最后，指出本书研究存在的不足。

本书的研究框架如图1-1所示。

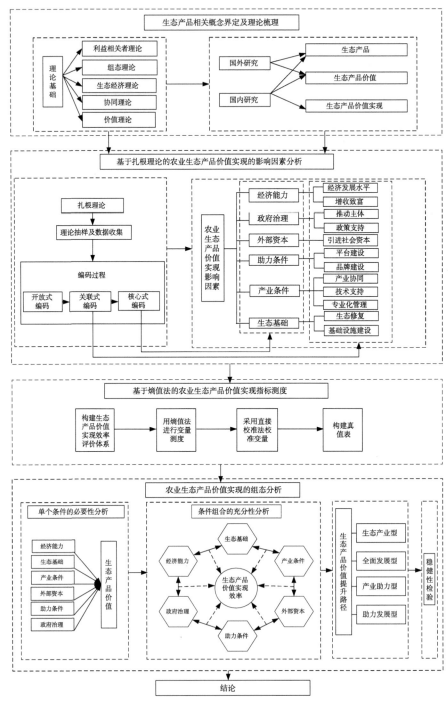

图1-1　研究框架

1.4.2 研究方法

本书采用的研究方法主要包括文献调查法、理论分析法、定性比较分析法、归纳和演绎法，具体如下所述：

（1）文献调查法。通过对国内外文献的收集、阅读及梳理，分析和整理相关文献，对国内外学者在生态产品、生态产品价值以及实现路径的研究现状进行归纳，从理论上明晰生态产品与生态产品价值，同时对相关文献中的研究角度及方法进行梳理，形成本书的理论基础和研究思路。

（2）理论分析法。从利益相关者理论、协同理论、生态经济理论、组态理论、价值理论等出发，运用扎根理论的方法，从实践中识别出生态产品价值实现的影响因素，并分析其对生态产品价值的影响，厘清各个影响因素与生态产品价值之间的关系。

（3）定性比较分析法。由于QCA条件组合的并发性，对前因变量之间的独立性并无验证要求，所以该方法比较适合生态产品的影响因素研究。根据生态经济理论、组态理论、价值理论等相关的理论，选取生态基础、政府治理、产业条件、外部资本、助力条件、经济能力等构建组态效应模型，合理运用fsQCA、stata、Excel等统计计量工具，对数据进行校准、单个条件的必要性分析、条件组态的充分性分析等，总结生态产品价值的实现路径，从而为企业或政府等相关利益主体提供参考与建议。

（4）归纳和演绎法。根据过去的研究和经验知识，识别研究组态相关的重要条件变量，找到影响生态产品价值实现的重要因素。同时，基于一定的研究理论，参照已有的研究框架，寻找可能存在的与组态有关的基本类型及其构成条件，在此基础上不断修正，进而形成研究模型。

1.5 创新点

目前，关于生态产品及价值实现的研究，多集中于研究生态产品的内涵、分类、价值核算，或基于某个特定的生态产品类型、特定的区域空间进行研究，较少有研究涉及生态产品价值实现受哪些因素影响以及这些因素是如何影响生态产品价值实现的。生态产品价值实现与空间环境关系密切，不同的空间在自然资源及社会资源分布上有着明显的差异，故生态产品价值实现路径在空间上存在差异性。本书针对目前研究的不足，坚持问题导向，综合分析研究视角，通过现有的研究数据，考虑复杂情况对生态产品建设的影响，具体分析结果变量与条件变量之间的机理关系，主要创新如下：

（1）学术思想创新

多要素分析生态产品价值实现。由于生态产品具有多要素、多属性、时空动态变化等特征，涉及政府、企业、市场、社会等多方利益主体，本书综合考虑农业生态产品价值实现的多元利益主体的协同作用，基于多元主体协同视角，揭示不同发展阶段多元主体的作用机理，探寻其价值实现的路径选择，能够丰富生态产品价值实现理论体系。

（2）学术观点创新

提出了处于不同发展阶段的农业生态产品多元主体作用不同则路径选择不同的观点。农业生态产品具有非排他性和非竞争性的公共品特征，在生态系统中多元主体协同发挥作用。处于不同发展阶段的农业生态产品，情境改变将导致利益相关者主导地位和协同作用发生变化，本书将多元主体与生态产品发展阶段相结合，研判协同发展路径选择问题，能够丰富生态产品价值实现的理论成果。

（3）研究方法创新

应用交叉学科研究生态产品价值实现问题。借鉴经济学和管理学领域知识，以生态经济学理论、协同学理论、产业集群理论、利益相关者理论、产品生命周期理论等为指导，综合运用规范分析法和定性比较分析法等研究农业生态产品价值实现路径与规律，弥补单一学科研究的不足，丰富生态产品价值实现理论的方法体系。

①根据扎根理论构建生态产品价值实现的影响因素体系。本书根据扎根理论，从实践中进行总结分析，通过开放式编码、关联式编码、核心式编码等手段，找到促进生态产品形成的基本要素，补充并完善现有的研究，在此基础上，展开生态产品的要素分析，从而对生态产品进行较为系统化的研究。相较于已有研究的理论性阐释，使用扎根理论更加符合生态产品价值实现的现实性应用，进而丰富了生态产品价值实现的影响因素研究。

②运用定性比较分析法揭示生态产品价值实现的不同驱动路径。借助组态视角，综合定性和定量的方式探讨生态基础、政府治理、产业条件、外部资本、助力条件、经济能力等多重因素在推动生态产品建设上所形成的并发协同效应和联动匹配模式，识别出了路径中存在的核心条件与边缘条件，拓展了生态产品价值实现的路径研究视角。与此同时，不同空间的要素分布具有较大的差异性，当生态产品处于不同地区时，生态产品的发展环境有明显的不同，故根据行政区划对地理空间作出划分，解释空间异质下生态产品价值实现路径的差异性，使研究更具针对性。

2 生态产品相关概念界定与理论基础

part 2

2.1 相关概念界定

2.1.1 生态产品与农业生态产品

（1）生态产品

综合国内外对生态产品的概念界定及有关文献，发现在界定生态产品概念时，应明确生态产品的商品属性和特征，既要体现出使用价值，又要表明其价值[59]，还应具备稀缺性、公共产品特性和外部经济特征。本书认为，生态产品的思想内涵既非"人类"中心主义，又非"生态"中心主义，而是以"两山"理论为导向，以人民为中心[60]。生态产品是将自然生态系统的自然力与经济社会系统的劳动力相结合而产生的满足人类美好生活需求的产品和服务，集生态、经济、文化等价值于一体，具有协调经济发展与生态环境的巨大潜力。

生态产品的概念中包含生态价值、社会价值、文化价值、美学价值、社会价值等，其中，生态价值是基础，也是其他价值的来源。生态产品是我国特有的概念，与西方发达国家所研究的生态系统服务比较相似，但西方生态系统服务价值并未介入人类劳动对其自然价值的贡献，而人们对生态的保护与修复等劳动投入行为构成了生态产品价值的重要组成部分。

（2）农业生态产品

农业生态产品是生态产品在农业领域的分支，符合生态产品的一切属性。具体来看，农业生态产品是指人类在农业生产过程中凝聚了一定的劳动价值所得到的满足人们生态健康需要及社会绿色发展需要的产品（李晓燕等，2020），是农业产业为保护环境、改善生态、人类生存提供的各种有益产品

（李铜山等，2020），是农业系统为人类提供的一切产品与服务，在生产过程中需要注重环境保护、资源的可持续利用，以保障绿色优质产品的稳定供给（杨晓梅和尹昌斌，2022）。

农业生态产品与农产品之间存在差异，农产品可以被视为农业生态产品的一个组成部分，在生态系统中主要承担着提供供给服务的角色。鉴于农业生态系统的多功能特性，农业生态产品的应用范围不断拓展。通过产业的多元融合拓展农业的多种功能，将农业生产与休闲观光、度假体验的价值进行深度融合，挖掘本土文化，实现文化、农业与旅游的有机结合，进而提升农业的价值。因此，农业生态产品可以理解为由农业生态系统中的生态资源与劳动力资源结合而成，能够满足人类高品质生活的需求，并具备维护人与自然和谐关系功能属性的产品。

2.1.2 生态产品价值与分类

生态产品价值来源于马克思主义劳动价值理论，由人类的抽象劳动决定[61]，狭义上包括经济价值总量，广义上还将社会和生态价值囊括其中[62]；按照不同的分类标准，生态产品价值包括理论价值和潜在变现价值，还可以分为生态交换价值和生态服务价值等。此外，生态产品还具有效用和稀缺性这两种重要的商品属性。生态产品能为人类提供清新的空气、干净的水源等环境条件，也能为社会生产提供基本的物质原料，但生态产品并非用之不尽和取之不竭的，终会面临枯竭等一系列非可持续性问题，从而表明了生态产品的稀缺性。

当前，生态产品的供给与价值实现已成为国内外学术界关注的焦点，但讨论多集中于生态产品的定义、分类、产权归属、价值评估及实现机制等方面，对生态产品作为产品的本质属性及其生命周期的考量相对较少。实际上，生态产品的价值增值主要取决于生态环境，这强烈地验证了"绿水青山就是金山银山"的理念。因此，基于全生命周期理论对农业生态产品进行价值研究，通过多元主体的协同合作，解决其在不同阶段所面临的问题，对推动农业生态产品的可持续发展、助力美丽中国建设、促进乡村全面振兴、巩固小康成果以及推动经济高质量发展具有重要意义。

（1）生态产品价值特征

①生态产品使用价值的多层次性。

马斯洛的五大需求层次理论表明，人类不仅有基本的物质需求，还有更高层次的精神需求。从需求层面来看，人们最初对生态产品的关注聚集在基本的物质需求上，人类通过生态产品提供的基本原料满足其基本的衣食住行问题。经济发展驱动人类进入新时期，人们进入更高水平的需求阶段，生态产品开始向更大的领域拓展。在这个转变过程中，自然资源的使用价值在满足社会需求后得以产生，这也是生态产品产生价值的前提。因此，"变废为宝"成为一些废弃资源再次具有价值的路径，经过技术改造与生态修复，其转变为能够产生社会效益的资源要素。因此，从人类需求上看，生态产品的使用价值呈现多层次性。

②生态产品价值来源的复合性。

生态产品中投入了劳动力要素，从而决定了生态产品价值由"自然力"和"人力"共同作用形成，即生态产品价值来源具有双重复合性。首先，生态系统提供生态资源，生态系统的可持续性决定了生态资源的可获得性，从而体现出"自然力"的一面；其次，为满足人类的多元化需求，人类需要投入一定的劳动力将原始自然资源进行一定的加工，从而制造出生态产品。在这个过程中，生态产品的使用价值得以创造。另外，"人力"不仅体现在对资源的加工上，还体现在对"自然力"源泉——生态系统的保护上，通过一系列的修复与整合，提升生态资源持续获得的稳定性。因此，仅有"自然力"或仅有"人力"的产品是不能被称为"生态产品"的，尚未被人类使用的天然资源由于缺乏人类劳动不属于此类；而生态工业品虽然融合了自然成分与人类技术成分，但是其价值大小侧重于技术高低，且其价值增值不依赖于"自然力"，所以不属于生态产品。因此，生态产品价值需要"自然力"和

"人力"同时存在，且"自然力"为生态产品价值提供源源不断的增值能力。

③生态产品价值构成的多样性。

生态产品是为了调和经济与生态的矛盾而产生的，这决定了生态产品的多重价值属性。从经济角度来看，生态产品的市场价值不仅包括对自然资源的初级加工以及再加工等获得的满足需求的产品价值，还包括由外部性形成的溢价资源，如土地增值等。从生态视角来看，生态资源所依赖的生态系统有自己的发展系统，存在一定的平衡。但随着人类对自然界的介入，原有的生态平衡被打破，物种多样性遭到损害，一些资源变得稀缺，人类的生活环境受到影响。在这种情况下，生态产品的非市场价值就通过维持生态平衡体现出来，如涵养水源、减少极端天气及自然灾害等。

④生态产品价值量的动态性。

生态产品价值量由生态环境质量和生态技术水平决定，即生态产品价值量随着生态环境条件的改变而呈现积极或者消极的变化，而且生态技术水平在二者关系中具有一定的调节作用。首先是生态环境对生态产品价值量的影响，当存在生态条件差异的地区同时产生生态破坏时，生态条件好的地区要比生态条件差的地区更有抵抗能力，后者受到的影响更大；其次随着人们对生态的保护与修复，生态质量得以提升，地区间的生态差异缩小，生态系统的生产能力趋于稳定，生态产品的价值量相对饱和。为进一步挖掘生态产品的价值，需要借助技术创新对生产流程进行改进，以提升产品的附加值，从而体现出生态产品价值量随着环境状况和技术水平变化的动态性。

⑤生态产品价值的空间差异性。

生态产品的数量和形态受其所在功能区的影响，与地区生态产品的成本、社会需求水平有很强的联系。根据资源禀赋理论，不同地区的资源状况决定了生态产品的类型和形式的差异性，不同的经济发展阶段决定了生态产品的生产能力与生产水平。因此，生态产品的开发力度、强度应与区域功能定位相适应。我国幅员辽阔，横跨范围广，在地理资源特征上呈现明显的差异，对生态产品的开发与使用要从区域实况出发，考虑实际的资源状况，结合地区的经济发展水平，遵循生态红线，进行合理科学的规划部署。

（2）生态产品分类

生态产品涉及领域广泛，形态多样、价值构成复杂，在价值实现路径上具有一定的差异性。因此，生态产品需要依据其存在的形态和产品属性加以分类，从而更具针对性地推动生态产品价值的实现。主要从生态产品的供给视角、需求视角、产品的表现形式及功能、产权所属视角进行分类。具体如表2-1所示。

表2-1　生态产品分类

产品的分类视角	产品类型
供给视角	自然要素生态产品、自然属性生态产品、生态衍生品、生态标识产品
需求视角	生态公共产品、生态私人产品、生态准公共产品
产品的表现形式及功能	生态物质产品、生态文化服务、生态调节服务
产权所属视角	公共性生态产品、准公共性生态产品和经营性生态产品

综上所述，本书认为，生态产品价值是由生物生产和人类劳动共同作用而产生的，既包括为人类发展所创造的经济价值，也包括为人类健康生存所提供的生态价值。具体来看，农业生态产品价值本质是农业多功能性的体现，包括为满足人们基本生活需求的物质供给类产品价值、为人类创造良好生态空间的调节服务类价值，以及为人们创造更高层次需求的文化服务类产品价值。

2.1.3 生态产品价值实现

生态产品作为绿水青山的实践体，实现"两山"目标有赖于其价值的实现[63]，其本质是生态产品的使用价值转化为交易价值[64]。生态产品价值实现是将生态产品的内在价值转化为实实在在的经济利益，蕴含"绿水青山就是金山银山"的发展理念，同时对生态产品的生态化能力提出了可持续的要求。生态产品价值实现是指生态产品的生态价值向经济价值、社会价值、文化价值的现实转化程度，丽水、抚州的试点方案提出了"GEP的GDP转化率"或

"生态产品价值实现率"的目标,王金南等(2021)在第四产业发展指标中提到生态产品初级转化率,用初级生态产品与生态产品GEP的比值来反映初级生态产品价值实现程度,即"绿水青山"向"金山银山"的转化程度。王晓欣等(2023)基于生态产品的基础、关键、外在表现,从生态产品供给、政策干预、民生福祉改善三大层面构建生态产品评级体系,评估了一些地区的价值转换成效。

变量衡量的前提是对变量有清晰的界定,本书所研究的关键问题是生态产品价值实现程度、成效问题,并非生态产品价值量的多少。综上所述,本书认为,生态产品价值实现指的是生态价值向经济价值的转化,其实现能力的高低在数值上可以用生态产品经济价值转化程度进行衡量,转化程度越高,说明其有更高水平的实现能力。

2.1.4 多元主体协同

多元主体协同治理契合复杂组织系统下治理集体行动困境的要求(王帆宇,2021),多元化的供给主体本质上是"理性经济人"在市场中尽可能地追求自己的利益最大化,彼此之间利益关系的协调有赖于协同机制创新(夏午宁和岳宏志,2022)。多元主体协同的过程是促进资源整合和科学决策的过程,通过协同网络实现主体之间的信息互通,促使资源和要素在主体之间流动,从而实现更加合理的配置(刘羿良和冷娟,2022)。

生态产品建设由于其公共属性同样属于集体行动,会产生负外部性等问题,因此需要多元主体以一种协同的关系进行解决。生态产品建设的主体有很多,本书主要指的是与生态产品的生产与经营相关的主体,包括农民、政府、企业、行业协会、合作社,他们拥有不同的资源能力与利益诉求。在对各主体进行机会主义行为分析的基础上,多元经营主体之间是以共建生态产品为目标,互相协同、价值共创的命运共同体关系,彼此之间能更加有效地实现信息共享和能力资源上的互补以及功能上的进一步融合,更好地建立起相关主体从事生态产品建设的行为边界和内在的有效奖惩机制,从而有效克服单个主体在生态产品建设中的局限性。

2.1.5 农产品区域品牌

农产品区域品牌具有多重属性，首先是品牌属性，作为一种标识、符号，展现出与其他产品的不同特点，具有识别性（刘丽和钟静，2021）；其次是区域性，农产品区域公用品牌依托特定自然环境成长起来，不同资源禀赋条件赋予产品不同的品质，品牌形象展现了区域内的经济与文化特色（王雪颖等，2017）；最后是公共性，农产品区域公用品牌为特定区域内相关机构、企业、农户等所共有，在农产品的品质标准、品牌打造等多个方面具有共同诉求与行动（胡晓云等，2010）。

通过前文的分析，本书认为，农产品区域品牌离不开相关主体的通力合作和特有的生长环境，作为带动区域产业不断发展的一种商誉而存在，即在特有的自然环境条件下，由农民、政府、企业等多方主体共同培育形成的具有地方鲜明特色的农产品，在这个过程中，融合了悠久的文化历史和传统的工艺技术，为推动产品更好地走向市场，经过专门的认证形成的具有象征意义的农产品区域品牌。

2.2 相关理论基础

2.2.1 利益相关者理论

利益相关者理论最早是由弗里曼提出的，指的是与企业生产经营上具有利害关系的群体或个人，对于企业而言，其一般分为三类：与资本有关的、与产品有关的和与组织有关的。每个利益相关者从切身利益出发，直接或间接地参与企业的战略规划，通过资源、渠道、声誉等与企业生产相联系，但往往与企业所关心的重点问题存在很大的偏差，甚至是南辕北辙。多方施压下，公司不得不根据这些主体对公司的重要程度作出权衡。

该理论主要应用于第10章，基于多元主体视角作出总结。生态产品具有公共属性，涉及多个利益主体，这些主体之间利益关系复杂，都有自己的利益诉求。同时，利益相关方具有不同的资源与能力，能够为企业发展提供不同的帮助。因此，在生态产品价值实现过程中，要充分考虑他们的利益，使其能够充分发挥作用。

2.2.2 生态经济理论

生态经济理论兴起于20世纪60年代中后期，基于对人类活动造成的环境污染和生态破坏问题的思考，以生态和经济两个系统在发展过程中的协同共生为主要内容来解决环境问题。生态经济系统是一个具有自我反馈和发展的复合系统，但需要系统的内外部作用力保持在一定的阈值范围内，一旦超出阈值，组织的自我调节能力就会下降，造成经济与生态失衡发展。

生态经济理论契合了生态产品的建设与发展思想，贯穿全书。生态产品以"两山"理论为核心，致力于生态经济共生发展，通过高质量的发展，满足人民对美好生活的向往与追求和对优美生态环境的需要。一方面，通过生态产业化方式，立足区域实际资源状况，借助产业协同赋能生态产品，进而释放生态发展效能，同时守住开发边界线，加大对环境的保护，维持生态资本再生能力；另一方面，通过产业生态化，以发展新技术、使用新能源等途径转变经济发展方式，调整经济发展结构，推动经济高质量发展，进而最大限度地减少对环境的危害。

2.2.3 组态理论

组态理论认为，社会系统约束能力强，单个构成并不能改变和塑造组织的意义，组织要素构成的是一个聚合系统，不能孤立地进行分析[65]。不同于权变思想的一阶构念，组态理论在分析层次上往往把案例分类到各原因条件的集合中去，分析案例层面组态与结果变量之间的关系。前者基于牛顿的物理学思想，认为世界是稳定有序的，而后者基于混沌假定，认为世界是不稳定的、无序、非均衡和多样的、非线性的。组态理论是一种整体观，认为要素以非线性的组合关系对结果产生作用，并且不同的路径组合可以达到"殊途同归"的作用效果（杜运周和贾定良，2017）。组态是指前因条件之间存在相互依赖的关系，在不同情境下形成多种组合，要素间呈现互补、权变、抑制、替代的关系模式。同时，组态理论认为，层次是一种组织属性，多层次变量协同作用，而非低层次嵌套于高层次中。

该理论主要应用于本书的第6章和第8章，来探究生态产品价值实现的多重路径。生态产品价值实现是一个组合系统，技术、资源、经济等要素之间相互影响，不能孤立地进行分析，而是采用整体思想观，因此，更适合从组态视角对此进行分析。在不同的空间系统里，差异化的环境使生态产品价值实现路径呈现不同的组合，且同一种要素在不同的情境中扮演不同的角色。与此同时，单因素的水平高低并不一定会对生态产品价值实现产生绝对影响。

2.2.4　协同理论

协同理论聚焦于探索处于非平衡状态的开放系统，在与外界环境进行物质或能量交换的过程中，如何凭借内部的协同机制，自然而然地形成时间、空间及功能上的有序架构。该理论主张：尽管各类系统属性各异，但在更广泛的环境背景下，它们之间存在既相互作用又彼此合作的普遍联系。这一观点同样适用于社会现象，涵盖不同机构间的协同作业、部门间关系的和谐调整、企业间的竞争与合作动态，以及系统内各元素间的相互干扰与平衡等复杂关系。

协同理论应用于本书的第7章。生态产品的特性决定了生态产品价值实现不再是依赖单独一个主体就可以实现的，而是一个自上而下涉及多个主体、涵盖多个领域的有机系统，从政府、企业到农民合作社，从经济领域到生态领域，各主体、各领域相互交叉融合，各种能量相互作用，在混沌状态中通过内在的契合找到自己的定位，逐渐形成一种健康稳定的结构，从而产生巨大的能量，创造更多的社会价值。如果一个系统内各子系统内部以及子系统间相互协调配合，围绕目标团结运作，就能产生"1+1>2"的协同效应。否则就会使整个系统陷于一种混乱无序的状态。因此，应用协同理论找出影响系统变化的控制因素，找准子系统的定位，发挥子系统间的协同作用，以一个协调的组织系统来推动生态产品价值实现，促进生态系统的和谐稳定发展。

2.2.5 价值理论

价值理论根据属性的不同，可以分为两个方面：社会属性视角下的劳动价值论和自然属性视角下的效用价值论。前者凸显了劳动的重要性，后者表明了商品对人的欲望的满足程度，强调了满足感的重要性。

①劳动价值论。

该思想的萌芽可以追溯到17世纪下半叶，见于威廉·配第所著的《赋税论》一书中的"劳动时间决定商品价值"的思想，首次将劳动与价值联系起来。随后，亚当·斯密"劳动是一切财富的源泉"的观点再次强调了劳动的重要性。之后，大卫·李嘉图继承了二者的思想，并对原理展开分析。最后，马克思通过批判与继承，对其进一步探索，形成了为人们所熟知的科学的劳动价值论。马克思认为，劳动是价值的实体，是创造价值的唯一源泉，劳动价值理论从商品的社会属性角度来认识与评估商品，即商品的价值是由商品中所包含的无差别的人类劳动而决定的。

随着人们生活水平的提升，更高水平的生活需求与自然危机事件使人们深刻认识到人类行为对自然环境造成的负向影响，人们开始有意识地以一种友好的方式参与到生态系统中，通过技术改造自然产品，以满足人们所需。由于劳动的渗入，自然产品逐步成为生态产品，同时使自然产品拥有了经济价值[66]。但在这个过程中，对于生态产品而言，价值的衡量不仅是凝聚了人类劳动的有形产品，还包括人类为了维持生态系统的平衡与可持续发展而进行的生态修复、生态治理等环境保护措施的劳动投入[67]。因此，生态产品的价值是生态系统转移的价值和人类劳动创造的新价值之和，这些价值均由保护或修复生态系统过程中消耗的人类抽象劳动决定[61]。该理论在我们研究生态产品价值实现的影响因素时，为生态保护与修复行为提供了价值支撑。

②效用价值论。

17—18世纪，资本主义商品经济的蓬勃发展为效用价值论的产生提供了肥沃土壤。法国经济学家孔狄亚克作为效用价值论的第一人，将效用与消费者的主观感受相联系。后来，随着19世纪中后期工业化进程的不断加快，为缓和阶级矛盾，一种不同于劳动的价值理论产生，即边际效用价值论。

当人类对自然资源的开发利用率还未突破环境承载力的极限时，对生态产品的感知力尚不明显，但随着灾害的增加，资源的日益衰竭，良好的环境资源需求与实际的现有资源之间的差距变得越来越明显，使生态产品带给人们的边际效用逐渐增大，且随着人们购买意愿与购买能力的提升，价值也会"水涨船高"。结合生态产品的稀缺性和人们的购买力来看，生态产品具有价值[68-69]。生态产品具有价值为本书研究生态产品价值实现奠定了基础。

2.3 本章小结

本章在总结国内外文献的基础上，首先对生态产品、农业生态产品、生态产品价值、生态产品价值实现、农产品区域品牌的内涵进行了梳理与分析，并给出了本书的概念界定。然后依次阐述了利益相关者理论、生态经济理论、组态理论、协同理论及价值理论在生态产品价值实现中的应用，为后文进行生态产品价值实现的成效分析、组态分析、对策与建议奠定了理论基础。

3 基于农业多功能视角的嫩江流域农业生态产品现状调查分析

part 3

3.1 嫩江流域基本概况

3.1.1 嫩江流域的范围界定

嫩江流域包括嫩江的干流与支流，其中，嫩江干流流经内蒙古自治区的呼伦贝尔市（鄂伦春自治旗、莫力达瓦达斡尔族自治旗）、兴安盟（扎赉特旗），黑龙江省的大兴安岭地区（松岭区、呼玛县）、黑河市（嫩江市）、齐齐哈尔市（讷河市、甘南县、富裕县、梅里斯达斡尔族区、建华区、龙沙区、昂昂溪区、富拉尔基区、龙江县、泰来县）、大庆市（杜尔伯特蒙古族自治县、肇源县），吉林省的白城市（镇赉县、大安市）、松原市（前郭尔罗斯蒙古族自治县），共2省1自治区、6地级市1盟1地区、6市辖区3县级市7县2自治县1旗2自治旗；支流涉及黑龙江省的黑河市（爱辉区、北安市、五大连池市、孙吴县）、齐齐哈尔市（碾子山区、克山县），内蒙古自治区的呼伦贝尔市（牙克石市、扎兰屯市、阿荣旗）、兴安盟（阿尔山市、乌兰浩特市、科尔沁右翼前旗、科尔沁右翼中旗、突泉县）、通辽市（霍林郭勒市、扎鲁特旗），吉林省的白城市（洮北区、洮南市、通榆县）、松原市（乾安县）。

综上所述，本书所指的嫩江流域在城市范围上主要包括呼伦贝尔市、兴安盟、通辽市、大兴安岭地区、黑河市、齐齐哈尔市、大庆市、白城市、松原市9个地区。

3.1.2 资源概况

嫩江流域有广袤的黑土良田，农耕文明与现代农业兼容并蓄，是我国著名的高纬旱地麦豆主产区，大豆种植面积位居全国之首，国家级现代农业示范区，黑龙江省黑土高标准农田示范区整县推进试点县级市、数字农业试点县,"中国大豆城"已扬帆起航,年均粮食总产量40亿斤以上,肩负着国家粮食安全"压舱石"的重任。嫩江是松花江的最大支流,干流主要流经黑龙江、内蒙古、吉林3省(自治区)16县(区、市、自治旗),全长1 370千米,流域面积为24.39万平方千米,占松花江流域面积的43.77%,占全国面积的2.54%,流经黑龙江省的齐齐哈尔市和黑河市、吉林省的白城市和松原市、内蒙古自治区的呼伦贝尔市和兴安盟,该地区历史文化悠久,是鲜卑族、达斡尔族、锡伯族等40多个少数民族聚集的区域,流域人口达1 428万。

嫩江流域流域面积为24.39万平方千米,具有优美的自然景观和丰富多样的生物资源。嫩江流域的农业生态产品具有大农业的特点,嫩江流域河网密布,支系发达,为农业生产提供充沛的水源和涵养功能,富含有机质的黑土为农业生产提供良好的土壤环境,加上高质量的空气环境,使该地区的农业生态产品品质优良,如内蒙古的呼伦湖鲤鱼、兴安盟牛肉味道鲜美、营养丰富。随着经济的发展,人们对历史文化的重视程度不断加深,嫩江流域聚集了诸多少数民族,蕴藏着丰富灿烂的文化,产业融合为文化和农业发展注入了无限生机与活力,也为农业生态产品价值的挖掘提供了更多的可能性。

3.2 农业多功能视角下农业生态产品种类

产业振兴是乡村振兴的重中之重,要促进一、二、三产业融合发展,更多、更好地惠及农村农民。要向开发农业多种功能、挖掘乡村多元价值要效益,发挥三产融合发展的乘数效应,抓好休闲农业、乡村旅游、电商等新产业新业态发展。充分发挥乡村在保障农产品供给和粮食安全、保护生态环境、传承发展中华民族优秀传统文化等方面的特有功能。农业多功能性是农业生态产品价值的基础,也是农业生态产品的现实化表达。农业多功能性是指农业具有经济、生态、社会和文化等多个方面的功能,它来源于土地的多效用性,并由土地资源边际效用而决定的土地资源价值量来衡量。多功能农业是对农业要素的全面开发，需要将农业农村的"三生"（生产、生活、生态）资源要素统筹起来，从而挖掘出独特的地域乡土文化民俗和展示这些乡土文化民俗的农事活动、特色食品、非物质文化遗产等，全面激活农村的潜在要素，并通过产业链条的扁平化延伸，赋予农业产品更多的功能形态，为农民提供更多的收入增长点，更好地实现乡村振兴，助力地区经济发展。

嫩江流域的农业生态产品主要有生态农产品、水生态产品、生态旅游产品、森林生态产品。

3.2.1 生态农产品

截至2022年2月，根据中国绿色食品发展中心所发布的数据，嫩江流域包含内蒙古自治区、黑龙江省以及吉林省的部分地区在内，农产品地理标志涉及粮食、水产动物、果品、肉类产品、蔬菜、油料、食用菌、药材、其他畜牧产品9大品类，共计68个（如图3-1所示），占内蒙古自治区全区、黑龙江省全省和吉林省全省农产品地理标志的20.73%（如图3-2所示），具有极大的农产品发展优势。

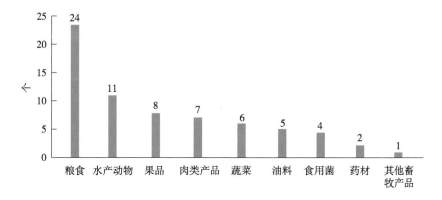

图3-1 嫩江流域地理标志农产品类别

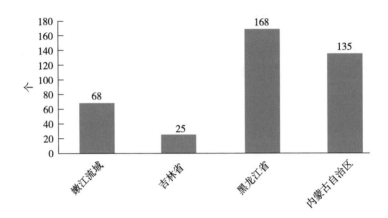

图3-2 所属省份的农产品地理标志数量

从空间上看，如图3-3所示，嫩江流域的地理标志农产品分布分散，呼伦贝尔市最多，占嫩江流域总数的35%；其次是齐齐哈尔市，以豆类和米类为主；最少的是松原市，截至2022年2月，其数量为0，说明松原市的农产品建设有很大的发展空间。

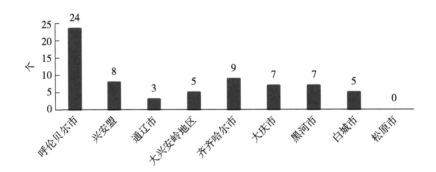

图3-3 嫩江流域地理标志农产品分布情况

表3-1 嫩江流域地理标志农产品分布情况

省份	地区	农产品地理标志
内蒙古	呼伦贝尔市	阿荣玉米、阿荣大豆、阿荣马铃薯、阿荣旗柞蚕、阿荣旗白鹅、阿荣旗白瓜籽、鄂伦春蓝莓、鄂伦春黑木耳、鄂伦春北五味子、呼伦贝尔芸豆、呼伦湖秀丽白虾、呼伦湖鲤鱼、呼伦湖白鱼、呼伦湖小白鱼、莫力达瓦大豆、莫力达瓦菇娘、莫力达瓦苏子、扎兰屯大米、扎兰屯葵花、扎兰屯鸡、扎兰屯沙果、扎兰屯黑木耳、扎兰屯榛子、扎兰屯白瓜籽

省份	地区	农产品地理标志
内蒙古	兴安盟	阿尔山黑木耳、阿尔山卜留克、溪柳紫皮蒜、兴安盟牛肉、兴安盟羊肉、兴安盟小米、扎赉特大米、五家户小米
	通辽市	科尔沁牛、通辽黄玉米、扎鲁特草原羊
黑龙江	大兴安岭地区	呼玛黑木耳、呼玛马铃薯、呼玛大豆、呼玛老山芹、呼玛细鳞鲑
	齐齐哈尔市	甘南小米、甘南葵花籽、九三大豆、克山马铃薯、克山大豆、龙江小米、梅里斯油豆角、泰来绿豆、泰来花生
	大庆市	他拉哈大米、连环湖鳙鱼、石人沟鲤鱼、连环湖鳜鱼、连环湖麻鲢鱼、肇源大米、古龙小米
	黑河市	瑷珲大豆、瑷珲面粉、黑河马、五大连池鲤鱼、五大连池草鱼、五大连池大米、五大连池大豆
吉林	白城市	大安黄菇娘、大安花生、大安香瓜、洮南辣椒、洮南绿豆
	松原市	无

3.2.2　水生态产品

近年来，随着生态环保工作的不断推进，嫩江流域许多地区对水域湖泊的环境治理越来越重视，发布了一系列文件对水域进行保护，使水域面貌焕然一新，创造了良好的水生态空间。嫩江流域水系发达，多条河流汇集于此，水质洁净，水产资源丰富，如呼伦贝尔市的呼伦湖白鱼、呼伦湖小白鱼，大庆市的连环湖鳙鱼、石人沟鲤鱼、连环湖鳜鱼、连环湖麻鲢鱼，黑河市的五大连池鲤鱼、五大连池草鱼，良好的生态环境为嫩江流域的渔业发展提供了更加可靠的保障，增强了市场吸引力与竞争力。

3.2.3　生态旅游产品

嫩江流域旅游资源丰富，如齐齐哈尔扎龙国家级自然保护区、大兴安岭九曲十八弯国家湿地公园等，成为嫩江流域绿水青山的代表。绿水青山是金山银山，冰天雪地也是金山银山。高纬度的位置，寒冷的气候，为这里塑造了独特的自然环境。2022年，中国·大兴安岭首届极地森林冰雪嘉年华暨漠河第十三届冬至文化节的举办向世界展现了大兴安岭的民俗风情和文化特色，促进了当地旅游业的发展。从官方统计来看，旅游为黑龙江省经济的发展作出了不小的贡献：2022年，全省共接待国内游客11 818.5万人次，实现旅游收入706.1亿元。其中，收入主要来源于国内市场，接待省内游客9 967.1万人次，占比为84.3%；接待省外游客1 821.5万人次，占比为15.7%。此外，嫩江流域少数民族文化资源丰富，具有潜在的文化价值，这为生态产品的进一步挖掘创造了条件。

3.2.4 森林生态产品

大兴安岭森林资源丰富，森林覆盖率高，含氧量高，森林康养和碳汇事业不断发展进步。森林资源具备显著的生态益处，能够调节并净化其周边的自然环境。此外，作为宝贵的旅游资源，它还为当地经济的繁荣注入新的活力。森林生态资源不仅满足了人们日益增长的精神文化需求，还深入挖掘了森林的潜在价值，为林业经济的发展提供了强大动力，促进了生态保护与产业发展的和谐共生。随着退耕还林和"三北"防护林等工程建设的推进，在相关林业政策的大力支持下，嫩江流域的森林生态资源得到了重视和保护，区域生态建设取得了有效进展。

以黑龙江省为例，2020年森林面积为2 150.6万公顷，森林覆盖率为47.3%，森林蓄积量为22.38亿立方米。森林生态产品发挥了重要的生态功能和社会服务功能（支持功能、调节功能、供给服务、文化服务）。近年来，黑龙江省的森林覆盖率和森林蓄积量呈现正态向好的发展趋势，森林面积持续增长，生态功能得到显著增强。2020年，黑龙江省拥有国家级自然保护区47个，地方级自然保护区88个，自然保护区面积达到621万公顷。保护区的设立不仅保护了生态系统在涵养水源、保护生物多样性、文化景观等方面的功能，同时提高了向人类社会提供洁净的水、多样的生态资源、独特的风景等服务的能力。在社会服务方面，森林中的特产丰富，盛产药材、黑木耳、坚果、蓝莓类浆果等。森林康养是指以森林生态环境为基础，充分发挥森林的健康保护功能，利用森林的各类资源与医学、养生学进行有机融合，通过保健、康复疗养、养老的方式开展的一项服务活动。2020年，黑龙江省有5地入围首批国家森林康养基地，高浓度的负氧离子和优美的自然环境产生了巨大的经济效益，极大地提升了人们的幸福感和获得感。

3.3 黑龙江省生态产品现状调查

嫩江流经的2省1自治区中，黑龙江省占较大比例，下面以农业大省黑龙江为例介绍区域内生态产品的现状。

3.3.1 黑龙江省生态环境状况

（1）土地状况

为了更加直观地看出土地资源使用的变动情况，将表3-2的数据进行了图形转化。如图3-4所示，2014—2023年，全省耕地面积从1 586.6万公顷增加到1 713.13万公顷，耕地面积在这10年间有明显的变动，总体呈现上升趋势，耕地面积和园地面积在2020年后有显著增加；林地面积总体保持稳定，但草地面积逐年减少，2016年草地面积降到最低，2017年有所增加，之后逐年减少；水域及水利设施用地面积从2014年的217.80万公顷减少到2023年的167.78万公顷，略有波动。从数据上可以看出，非耕地部分的面积减少与耕地部分的面积增加有关。

表3-2　2014—2023年土地资源使用情况

年份	耕地面积（万公顷）	园地面积（万公顷）	林地面积（万公顷）	草地面积（万公顷）	水域及水利设施用地面积（万公顷）	森林覆盖率（%）	森林蓄积量（亿立方米）	造林面积（万公顷）
2014	1 586.60	4.50	2 183.70	206.30	217.80	46.14	18.29	10.11
2015	1 586.60	4.50	2 183.70	206.30	217.80	46.74	18.89	13.50
2016	1 593.00	4.48	2 324.19	109.66	217.80	46.74	18.89	9.30

续　表

年份	耕地面积（万公顷）	园地面积（万公顷）	林地面积（万公顷）	草地面积（万公顷）	水域及水利设施用地面积（万公顷）	森林覆盖率（%）	森林蓄积量（亿立方米）	造林面积（万公顷）
2017	1 592.53	4.47	2 024.04	202.86	218.32	47.97	19.94	9.76
2018	1 592.19	4.46	2 323.90	202.58	218.29	47.21	20.59	12.170 5
2019	1 584.40	4.40	2 181.90	201.80	217.10	47.23	21.69	12.085 8
2020	1 719.50	6.20	2 162.30	118.60	168.60	47.3	22.38	13.547 9
2021	1 716.58	6.73	2 162.76	117.64	170.56	44.66	20.99	11.814 0
2022	1 713.10	7.50	2 163.50	117.30	172.40	44.47	21.58	8.873 1
2023	1 713.13	7.49	2 163.48	117.28	167.78	45.25	22.11	8.298 1

资料来源：2014—2023年《黑龙江统计年鉴》《中国统计年鉴》《中国生态环境状况公报》。

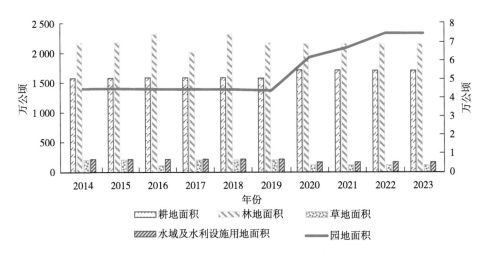

图3-4　2014—2023年土地资源使用情况

（2）森林资源状况

林地面积呈现"增—降—增—降"的变化趋势，森林覆盖率从2014年的46.14%逐年波动，到2023年为45.25%，总体上呈现增长态势；森林蓄积量总体呈上升趋势，从2014年的18.29亿立方米增长到2023年的22.11亿立方米；造林面积2014年为10.11万公顷，之后波动较大，2023年为8.298 1万公顷，说明黑龙江省正在大力推进生态建设，且生态建设取得一定成效。

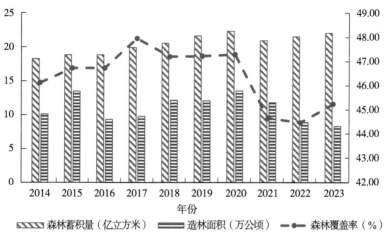

图3-5 2014—2023年森林资源发展情况

（3）水资源状况

总体来看，由表3-3可知，2014—2023年，水资源总量总体上呈现上升趋势，其中地表水资源量和地下水资源量都有所增加，且都在2019年达到峰值，之后有小幅下降。2014—2020年，人均水资源拥有量翻了一倍，说明水资源情况整体向好发展，之后有所减少。截至2023年，全省河流水质状况总体为轻度污染，国控和省控河流断面共监测180个断面，Ⅱ类水质占11.1%，Ⅲ类水质占58.9%，Ⅳ类水质占26.1%，Ⅴ类水质占2.8%，劣Ⅴ类水质占1.1%，与2022年比，Ⅰ～Ⅲ类水质比例上升0.6个百分点，劣Ⅴ类水质比例下降0.6个百分点。

表3-3 2014—2023年水资源使用情况

年份	水资源总量 （亿立方米）	地表水资源量 （亿立方米）	地下水资源量 （亿立方米）	人均水资源量 （立方米/人）
2014	944.30	814.40	295.40	2 463.10
2015	814.10	686.00	283.00	2 129.80
2016	843.70	720.00	285.90	2 217.10
2017	742.50	626.50	273.20	1 957.10

续　表

年份	水资源总量 （亿立方米）	地表水资源量 （亿立方米）	地下水资源量 （亿立方米）	人均水资源量 （立方米/人）
2018	1 011.40	842.20	347.50	2 675.10
2019	1 511.40	1 305.70	413.60	4 017.50
2020	1 419.90	1 221.50	406.50	4 419.20
2021	1 196.28	1 020.23	346.70	3 800.20
2022	918.47	771.43	307.10	2 951.50
2023	1 015.00	847.00	346.10	3 294.90

资料来源：2014—2023年《黑龙江统计年鉴》《中国统计年鉴》。

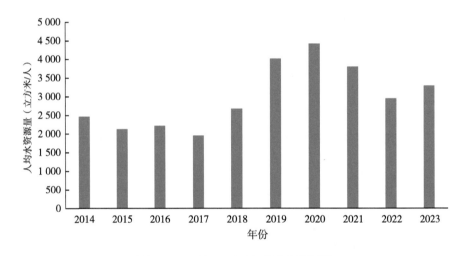

图3-6　2014—2023年人均水资源量

（4）空气质量状况

鉴于数据的可获取性，收集了2017—2023年反映空气质量的相关数据，通过观察表3-4可以发现，全省空气达标的城市比较多，全省平均优良的天数不断增多，全省平均重度以上污染天数有所减少，酸雨的出现频率为0。这些数据表明，黑龙江省有比较好的环境质量状况，一方面，该省的重污染工业少，减少了很多污染物的排放；另一方面，随着"双碳"目标的推进，全省正在推进全行业的绿色健康发展，走绿色生态的高质量发展之路，创造良好的生态建设环境。

表3-4　2017—2023年空气质量状况

年份	空气达标城市占比（%）	全省平均优良天数比例（%）	全省平均重度以上污染天数比例（%）	酸雨频率
2017	88.76	89.1	2.3	0
2018	84.6	93.5	0.5	0
2019	84.6	93.3	1.5	0
2020	84.6	92.9	1.3	0
2021	92.3	94.8	0.5	0
2022	84.6	95.9	0.6	0
2023	84.6	94.2	0.5	0

资料来源：2017—2023年《黑龙江统计年鉴》《中国生态环境状况公报》。

3.3.2　黑龙江省主要农业生态产品

（1）生态旅游产品

在黑龙江省发布28个森林康养旅游目的地组成的"青山团"后，省文化和旅游厅又连续发布了由5大主题、19个湿地休闲旅游目的地组成的"绿水团"，包括哈尔滨太阳岛风景名胜区、齐齐哈尔扎龙国家级自然保护区、佳木斯富锦国家湿地公园、伊春新青国家湿地公园、黑河坤河国家湿地公园、大兴安岭九曲十八弯国家湿地公园等。黑龙江"绿水青山"夏季生态旅游产品"成团"亮相，为游客打造洗肺养心的康养之旅。黑龙江省湿地资源富集，湿地面积占全国湿地总面积的1/8；拥有12个国际重要湿地，数量居中国首位；湿地类型自然保护区103处，湿地公园78处，形成了中国最大的省级湿地保护管理体系。省内交通设施比较完备，增添了游客"周末游龙江"的便利性。

此外，寒冷而漫长的冬季为黑龙江省提供了丰富的冰雪资源，使冰雪文化得以发展。中国黑龙江国际滑雪节、中国·哈尔滨国际冰雪节等在国内外有具有一定的影响力。根据黑龙江省《"十四五"文化和旅游发展规划》，黑龙江省将充分挖掘生态资源和区位优势，到"十四五"期末，黑龙江省接待国内外游客数量增长率、旅游业综合收入增长率保持在年均10%；黑龙江省重点旅游区旅游厕所A级率达到90%，全力塑造"北国好风光，尽在黑龙江"的旅游品牌。从官方统计来看，旅游为全省经济的发展作出了不小的贡献：2021年，全省共接待国内游客1.6亿人次，比2020年增长14.2%，实现旅游收入1 345.1亿元，比2020年下降18.2%。其中，收入主要来自国内市场，接待省内游客1.4亿人次，占比为85.3%；接待省外游客0.2亿人次，占比为14.7%。

（2）农业生态产品

农业生态产品不仅包括优质的农产品，还包括由农业衍生的旅游观光、文化教育等一系列文农旅相结合的产品。根据统计，黑龙江省的地理标志保护工作起步较早，黑龙江省凭借自然禀赋优势，积极打造绿色、高品质的农产品。东北平原作为世界三大黑土区之一，是世界公认的粮肉乳绒黄金产业带，在发展高品质农牧产品加工方面，有着得天独厚的原料资源和生态优势。截至2019年12月31日，黑龙江省共有国家地理标志保护产品71个，地理标志证明商标和集体商标86个，农产品地理标志产品140个。"2019中国品牌价值评价信息发布"中，全省共有10个地理标志产品品牌价值超亿元，品牌价值总额为1 384亿元，五常大米、佳木斯大米、东宁黑木耳、庆安大米和方正大米5个地理标志产品品牌价值超过100亿元，其中，"五常大米"品牌价值最高，为677.93亿元，在全国地理标志产品排行榜中位列第六。以全省注册的71个国家地理标志产品为例，涵盖粮食油料类、蔬菜水果类、酒类、中药材类以及水产品类等。其中，有18个地理标志产品注册了商标。得天独厚的自然条件奠定了黑龙江农业大省的地位，丰富的历史文化为农业生态产品的发展增添了一份独特的魅力。

（3）森林生态产品

黑龙江省拥有两项举世闻名的旅游资源：除了之前提及的冰雪奇观，还有丰富的森林资源同样引人入胜。森林资源在生态层面发挥着重要作用，它调节并优化着周围的环境质量。作为重要的旅游吸引物，森林资源还极大地促进了当地经济的繁荣。

（4）水生态产品

黑龙江省的水资源位居北方各省之首，2020年，全省地级及以上城市集中式饮用水水源地水量达标率为93.5%，同比升高14.2%。黑龙江省水系发达，包括黑龙江、松花江、乌苏里江、绥芬河等多条蜿蜒河流，以及兴凯湖、镜泊湖、五大连池等众多璀璨湖泊。其中，鸭绿江与七星河等水体保持着较高的水质清洁度，加之丰富的地下水储备，孕育了诸如大马哈、"三花五罗"等享誉全国的名贵鱼类，同时为人工渔业养殖提供了得天独厚的自然条件。依托这些得天独厚的地理优势，黑龙江省建三江地区在推进绿色现代农业方面拥有了更加坚实的基础。

3.3.3 黑龙江省农业生态产品发展现状

黑龙江省腹地广阔，农业资源禀赋良好，地处世界著名的黑土带上。不仅如此，该省生态优势十分显著，在全省的努力下，该省的生态系统质量和稳定性稳步提升，生态文明制度改革深入落实。近年来，黑龙江省凭借其丰富的自然资源，在农业领域取得了瞩目的进步。农业生产规模持续扩大，机械化程度显著提高，综合生产能力稳步提升，这些都为农业生态产品价值的实现奠定了坚实的基础，并展现出巨大的潜力与优势，共同构成了生态产品价值形成的核心要素。

（1）生态环境状况

黑龙江省拥有多个生态功能区，主要分布在大兴安岭、小兴安岭、松嫩平原等，区域内物种丰富，水质优良，自然生态状况总体较好。相关统计数据显示，2020年黑龙江省森林面积达到2 150.6万公顷，森林覆盖率为47.3%，耕地面积为2.579亿亩[①]，草地面积为118.6万公顷，湿地面积为350.1万公顷，湿地保护率接近50%。良好的生态环境赋予了黑龙江省巨大的生态优势，为

①1亩约为666.7平方米。

黑龙江省生态产品建设创造了良好的发展空间。

（2）品牌建设

黑龙江省在绿色、有机农业领域取得了显著成就，种植面积已接近8 000万亩，并拥有近3 000个绿色食品认证产品。与此同时，该省积极推进黑土地的保护与合理利用，成功探索出"龙江模式"与"三江模式"，为农业的生态化发展铺设了坚实的基石。在政府的积极引导下，黑龙江省坚持实施品牌强农战略，品牌影响力日益扩大。在农业发展的征途中，一个又一个农产品品牌及地理标志如雨后春笋般涌现，如"北大荒""完达山""东宁黑木耳""佳木斯大米""九三大豆"等，这些品牌在市场上赢得了良好的口碑，为黑龙江省进一步开发多元化的农业生态产品创造了有利条件，有助于推动黑龙江地区农业生态产品价值的最大化实现与溢价增值。

（3）发展模式

黑龙江省的农业领域经过辛勤培育，已超越单纯追求"大规模"的阶段，步入了既注重质量又兼顾数量的现代农业新纪元，开创了一条农业全面绿色转型的新路径，说明该省正由农业大省向农业强省的宏伟目标稳步前进。"十四五"以来，黑龙江省相关部门积极响应并执行《关于加强农业农村标准化工作的指导意见》，不断健全农业标准化框架，加大对农业标准示范区域的投入力度，主动引领农业生产走向高效、规范的全新境界。同时，深化产业间的融合与协作，旨在增强农业生产效能及市场竞争力。

（4）环境建设

为了维护农业领域的自然生态，黑龙江省采取了多维度的环境整治举措，深入实践国家领导人关于生态保护的重要指导精神，正式推出了《黑龙江省"十四五"生态环境保护规划》，此规划不仅着眼于污染问题的末端治理，更追溯至污染产生的根源，旨在构建一个集政策导向、市场机制调节及多方主体协同参与于一体的综合性环境治理架构。这一系列努力旨在显著优化生态环境质量，为农业的可持续发展与高品质提升提供坚实的保障。但从长远来看，农业实践中存在的一些发展困境使黑龙江省在实现农业现代化、生态化目标的过程中并不是一帆风顺的。推动农业生态系统优化、探索农业生态产品价值实现机制任重道远。

3.4 农业生态产品价值实现分析——以黑龙江省为例

黑龙江省农业基础良好，经过多年的绿色发展，在生态文明建设方面取得了一定成效，生态环境水平显著提升，多样化、生态化的农业生态产品推动黑龙江省农业进入一个新的发展高度，为地区农业的经济发展作出巨大贡献。与此同时，在发展过程中出现了许多阻碍目标实现的现实问题，如发展理念、政策机制、生产销售管理、品牌建设、资金支持等各方面的不完善，制约了生态产品的价值实现。

3.4.1 机制建设问题

（1）产权界定不清晰

首先，生态产品具有"自然力"和"人力"双重复合性，且其价值来源主要是自然，使生态产品的自然属性浓度较高，在界定其产权归属上存在比较大的困难。同时，生态产品的公共属性决定了其涉及主体的复杂性，不能仅依靠市场手段进行解决，而是需要借助政府等部门去实现。公共属性的产品会产生由于产权模糊而导致的一系列投机取巧行为，如"公地悲剧""搭便车"，不仅影响原有产品的正常销售，同时会造成严重的信任危机，对这一类产品的长期可持续发展造成巨大的影响。因此，亟须加强资源确权，将各种责任的划分及问题的解决与个体利益进行有效衔接，激发个体在参与公共问题中的主动性，提高问题解决的有效性。

（2）缺乏生态产品价值核算

产品要想在市场上实现其价值，首要前提是对其价值进行合理的估计。对于一般产品来说，产品价格主要包含经济价值，需要反映其成本、供求等，根据一般的定价方法可以得到一般的价值估计。但是生态产品由于其价值构成的复杂性，经济价值虽是一部分，但也不能忽视生态产品在维护生态健康发展中所产生的生态价值。因此，如何对其进行有效的核算，是一个比较困难的问题。生态产品涵盖范围广泛，内容丰富，生态系统服务类型多样，人们对生态产品的核算范围与科目认识在思想上未能达成一致。一方面，生态系统是一个动态的过程，时刻发生着变化，从而对生态资源的存量与状态产生影响，同一服务可能会采用不同的核算计量法，差异较大。另一方面，虽然已有机构进行生态产品的价值核算，但其结果较为主观，社会的接受程度较低，且其核算要求极高的专业性。因此，生态产品核算要注重其广泛的适用性，坚持一定的科学原则，统一核算科目，采用科学的核算方法，从而建立起科学有效的生态产品价值核算体系，更好地发挥对生态保护与治理的"指挥棒"作用。

（3）补偿机制存在缺陷

在市场经济体系中，政府扮演着"领航者"的关键角色，既是解决社会矛盾的协调者，也是市场公正与透明度的捍卫者。在经济活动中，生产者作为"理性经济人"，往往倾向于追求经济利益的最大化，而将环境保护置于次要地位，导致经济发展与生态保护之间出现偏差。为了弥补那些因承担环境负外部性而受损的个体，以及表彰那些为环境保护投入资金的企业，政府实施了一系列生态补偿措施。但长期以来，各地生态补偿不能有效落实，评估方法的科学性有待提高，与现实问题的匹配性不足。种种原因导致生态补偿往往是一种普惠的、单方向性的实现机制，生态保护的补偿数额远低于使用生态所产生的经济价值，因此不能完全调动受补偿方投入维护生态健康中的积极性（张林波等，2021），使生态补偿不能真正解决问题。在进行补偿设计时，要注意不同补偿方向受影响个体的利益诉求。从横向补偿来看，如果上下游之间缺乏完善的生态补偿机制，会导致关联主体之间的利益失衡，会使生态产业化受阻碍，不能充分调动居民参与生态保护的积极性。从纵向补偿来看，近年来，中央政府加大了转移支付力度，对于居民来说，获得的补偿力度比较小，不利于更有效地保护生态资源。农业生态产品的开发是一项充满挑战且艰巨的任务，需要一些专门的人才投入其中，但由于该省气候寒冷以及政策对人才的吸引力较弱，使每年高校的人才流失情况比较严重，从而对农业生态产品的开发以及价值造成影响。

（4）企业对发展的可持续性重视不够

作为社会经济主体的企业，凭借其资金、技术等方面的优势，在农业生态系统中扮演的角色不可忽视。然而，在追求经济利益的强烈驱动下，企业往往更侧重于提升生产效益而非生态效益。这种倾向导致一些过度使用行为，如农药和化肥的过量使用以及不合理的土地开发，这些行为不仅对人类福祉构成了威胁（刘耕源等，2021），还打破了原有生态系统的平衡，超出了环境的承载能力，进而降低了产品质量，并可能对与农业紧密相连的林业、渔业等生态系统的健康循环产生负面影响，长此以往，将给人类的可持续发展带来严峻挑战。此外，在激烈的市场竞争中，作为农业生态产品价值创造的关键主体，企业在资金和资源方面高度依赖政府支持，存在较为严重的依赖心理（虞慧怡，2020），这导致企业自主解决问题的能力相对薄弱，对其长远发展构成了阻碍。因此，企业需要增强自身的独立性，减少对外部支持的过度依赖。同时，在农业生产过程中，克服不利因素并提升生态产品价值需要技术的投入。然而，目前企业未能有效地将科技应用于生产的各个环节，导致生产水平相对较低，未能充分发挥农业大省所具备的潜在优势。这在一定程度上制约了企业和黑龙江农业的高质量发展。因此，企业在发展过程中，要重视技术能力的培养，将绿色观念渗透到生产发展的各个方面，提升企业的发展质量。

（5）金融机构提供的资金后备力量不足

相较于工业，农业更易受自然环境波动的显著影响，农户的生产热情更容易波动，且在很大程度上受资金稳定性与充裕度的制约。农业生态产品的研发需要巨额的资金投入，而企业自有资金通常有限，仅凭政府补贴难以彻底解决资金难题。金融机构作为资金汇聚的重要渠道，虽拥有汇聚社会大量资金的优势，但作为营利性组织，在资金配置时往往倾向于回报预期较高的第二、三产业。尽管农业生态产品从长远视角展现出巨大的生态与经济潜力，但其价值的实现是一个漫长且充满不确定性的过程，易受自然灾害等自然因素的干扰，并且需要专业人才运用多种设备从多个角度开展深入研究，耗费大量的人力与物力资源。缺乏稳定且充足的资金支持，这一过程将难以为继。这种特殊性增加了农业生态产品获取市场融资的难度，从而在一定程度上妨碍了其价值的实现。

3.4.2 区域品牌建设SWOT分析

五谷者，万民之命，国之重宝。黑龙江省是我国重要的商品粮基地，在夯实国家粮食安全的基础上发挥着极为重要的作用。作为农业大省、粮食生产大省，黑龙江省坚决扛起维护国家粮食安全的重大政治责任，深入实施"藏粮于地、藏粮于技"战略，谋划实施千万吨粮食增产计划，打好增产增效组合拳，为"中国饭碗"装进更多"龙江粮"，坚决当好维护国家粮食安全的"压舱石"。近年来，随着经济发展和科技进步，该省积极推进农业品牌建设，打造具有本土特色的农产品区域品牌，绿色龙江的形象已经深入人心，在市场上具有一定的竞争力。但在建设过程中，出现了"劣币驱逐良币""公地悲剧"等干扰市场正常运行的现象，部分地区对农产品区域品牌建设缺乏清晰的认识。为了对黑龙江省的农产品区域品牌建设有更加全面的了解（如图3-7所示），下文采用SWOT模型对该省的农产品区域品牌建设所累积的优势、存在的劣势、面临的市场机遇与挑战进行客观剖析，从而为后文对品牌建设提出建议做准备。

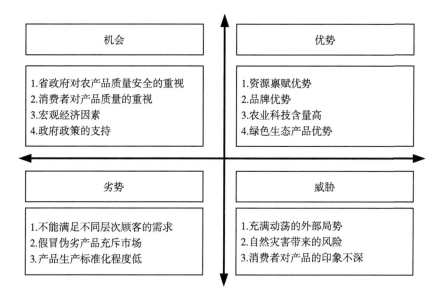

图3-7　黑龙江省农业生态产品区域品牌建设SWOT分析

（1）区域品牌建设的优势

第一，资源禀赋优势。

黑龙江省拥有"黑土良田"和"绿色生态"两大法宝，在农业发展和农产品培育上具有得天独厚的先天性优势。"良田沃野育好物"，黑龙江省位于世界公认的"黑土带""黄金玉米种植带""黄金奶牛养殖带"上，土壤肥沃，有2.579亿亩的耕地面积，在这片富饶的土地上孕育出北纬47度的"黄金玉米"和极具市场竞争力的非转基因大豆。与此同时，冰天雪地的黑龙江省充分发挥环境优势，挖掘冰天雪地所蕴藏的金山银山价值，绿色粮食、生态林下、冷水渔业、生态农业齐头并进。如图3-8所示，2017—2022年，黑龙江省农林牧渔产值翻了一倍，农业发展在龙江大地上呈现一派繁荣景象，使黑龙江省农产品的供给能力不断提升，成为全国践行大食物观的先行地。2022年，黑龙江省粮食总产量达1 552.6亿斤，连续多年居于全国前列，农业生产获得大丰收。

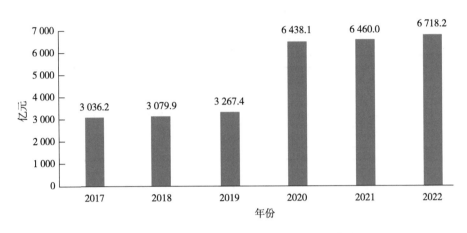

图3-8　2017—2022年黑龙江省农林牧渔产值

第二，品牌基础好，品牌价值高。

品牌农业影响更大。经过多年发展，在这片黑土地上已经孕育形成多个特色品牌，如金谷农场、乔府大院、五常大米、九三大豆、东北黑蜂蜜、完达山"乳此新鲜"巴氏鲜奶、溢田30日粥、黑森蓝莓，其中不乏一些老字号品牌，如北大荒、完达山、九三。为了更好地推动本省的农产品品牌建设，避免产品的同质化竞争，省政府发布省级优质农业品牌"黑土优品"，推动形成以"黑土优品"品牌为统领，10个品类为重点，40个区域公用品牌为支撑，100个领军农业企业品牌唱主角的"1141"农业品牌体系，有利于提高农民和农业企业的收入水平，加快城市化进程。截至2024年12月，全省共有341家企业的879款产品获得"黑土优品"标识授权。

根据浙江永续农业品牌研究院的数据，在"2022中国地理标志农产品品牌声誉前100位"榜单中，黑龙江省上榜17个品牌，如表3-5所示，涵盖多个品类的农产品，包括蔬菜类（东宁黑木耳）、粮油类（五常大米、庆安大米、桦川大米、方正大米、延寿大米、肇源大米、泰来大米、佳木斯大米、桦南紫苏、讷河马铃薯、克山马铃薯）、水产类（抚远大马哈鱼）、畜牧类（虎林椴树蜜、黑河马）、其他特色农产品类（兰西亚麻、穆棱晒烟）。黑土地上生产出的农产品不仅获得了极大的市场认可，也是黑龙江省农产品区域品牌建设进程中取得的重要成果。从表3-5中可以看到，五常大米在粮油类的地理标志农产品品牌声誉排名中居于第1位，说明五常大米在市场上的知名度非常高，产品获得了很好的口碑。另外，参与此次评价的地理标志品牌中平均品牌声誉为82.04，高于平均线的有14个，粮油类居多，说明黑龙江省的粮油产品在市场上的知名度是比较高的，其他品类还有待提升。

表3-5 2022中国地理标志农产品品牌声誉前100位（黑龙江省）

品牌名称	类别排名	品牌声誉	品牌名称	类别排名	品牌声誉
五常大米	粮油 1	86.85	东宁黑木耳	蔬菜 16	85.24
庆安大米	粮油 9	85.15	佳木斯大米	粮油 59	81.99
桦川大米	粮油 24	84.26	兰西亚麻	其他特色农产品 48	81.59
方正大米	粮油 25	84.22	讷河马铃薯	粮油 72	81.17
延寿大米	粮油 34	83.17	克山马铃薯	粮油 80	80.92
肇源大米	粮油 45	82.73	虎林椴树蜜	畜牧 67	80.69
泰来大米	粮油 47	82.59	抚远大马哈鱼	水产 40	79.98
黑河马	畜牧 77	80.18	穆棱晒烟	其他特色农产品 90	72.39
桦南紫苏	粮油 69	81.49			

在"2023中国品牌价值评价信息发布"中，黑龙江省有8个农产品区域品牌上榜，入榜数量居于全国前列，如表3-6所示，五常大米、庆安大米、方正大米、通河大米、延寿大米、九三大豆、响水大米、绥化鲜食玉米分别排在第4、21、22、23、28、55、82、95位，其中五常大米、庆安大米、方正大米、通河大米、延寿大米品牌价值超过百亿元，展现出黑龙江省在推动农产品区域品牌高质量发展进程中取得的成果。

表3-6   2023中国品牌价值评价信息发布（黑龙江省）

地理标志	排名	品牌价值（亿元）
五常大米	4	713.1
庆安大米	21	280.99
方正大米	22	226.75
通河大米	23	193.67
延寿大米	28	185.38
九三大豆	55	98.38
响水大米	82	60.44
绥化鲜食玉米	95	43.88

第三，农业科技含量高。

黑龙江省正加速构建现代农业的综合体系，涵盖大规模生产基地、领军企业及产业链条，并积极融合数字技术与生物技术，以全面驱动农业科技化、绿色化、品质化及品牌化发展。该省致力于推进现代农业种业升级项目，同步推广先进科技手段与尖端农业机械装备，同时注重发展农业循环经济，力求在科技农业、环保农业、高质量农业及品牌塑造等方面取得均衡进展。在粮食综合产能、高标准农田建设、四大作物种子单季生产能力等方面达到国内领先水平。黑龙江省着力提升农田建设标准和农业资源的合理配置，通过技术创新和提升农业机械化水平达到降本增效进而致富的目的，推动粮食投入产出实现高质量发展。据统计，农业主推技术到位率保持在95%以上；农作物耕种收综合机械化率保持在98%以上，稳居全国第1位；国家级良种繁育基地达到19个，位居全国第2，主要粮食作物自育品种推广率达到88%，良种对粮食增产的贡献率达到45%。2022年，在公布的全国粮油生产主导品种中，黑龙江省的水稻、玉米、大豆、小麦等10个品种入选。2021年，全省农业科技进步贡献率达到69%，高出全国8个百分点，农业生产效率不断提升。

截至2023年底，全省共创建优势特色产业集群6个、国家级现代农业产业园12个、农业产业强镇69个，农产品加工转化率达65%。截至2023年底，黑龙江省共建立现代农业产业技术协同创新推广体系39个，大型大马力高端智能农机装备研发制造推广应用先导区获国家批复，无人植保机保有量2.7万台，稳居全国首位。这些技术上的投入与创新为农业发展注入了巨大力量，如图3-9所示，2017年黑龙江省的粮食产量为6 018.8万吨，近年来，在"当好维护国家粮食安全压舱石、争当农业现代化建设排头兵"目标的指引下，农业获得较大发展，2022年粮食总产量为7 763.1万吨、占全国的11.3%，连续13年居全国首位。做强科技农业，做大绿色农业，做精质量农业，做优品牌农业，一幅现代农业振兴的壮美画卷正在龙江大地徐徐铺开。

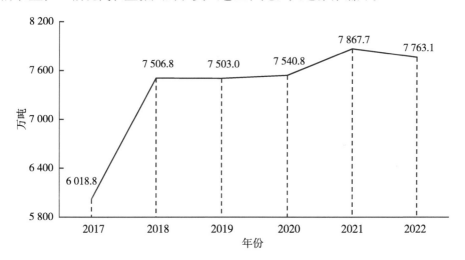

图3-9　2017—2022年黑龙江省粮食产量变化情况

第四，农产品绿色发展水平高、产品质量好。

绿色农业发展更精。黑龙江省拥有全国最大的绿色食品生产基地，根据黑龙江省的国民经济和社会发展统计公报的数据，如图3-10所示，2018年全省绿色有机食品认证面积为8 046.7万亩，2022年增加到9 137.1万亩，5年间增加了1 090.4万亩，绿色有机认证面积不断扩大，稳居绿色食品第一大省的位置。与此同时，黑龙江省不断控制农药的投入，农作物化肥和农药施用量分别是全国平均水平的1/3和1/2，农业生态化水平高。2022年，畜禽粪污资源化利用率、农药包装废弃物回收率和农膜回收率分别达到83.3%、88.3%和87%，在发展农业的同时尽可能地减少对环境的污染，累计建成高标准农田10 265万亩，是全国唯一建成规模过亿亩的省份。省级食用农产品质量安全例行监测合格率连续7年稳定在98%以上，婴幼儿配方奶粉、食用菌鲜品总产量位居全国第1。双鸭山市饶河东北黑蜂国家地理标志产品保护示范区获批筹建，勃利红松籽、佳木斯大米、绥棱大豆、饶河东北黑蜂蜂蜜、太保胡萝卜5个地理标志纳入《中欧地理标志协定》第二批认定清单，已完成中英文技术规范修改工作。

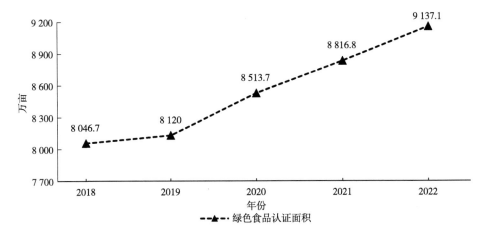

图3-10　2018—2022年绿色食品认证面积

截至2022年2月，根据中国绿色食品发展中心的统计数据，全国总计农产品地理标志登记数量达到3 510个，如图3-11所示，排名前五的是山东省、四川省、湖北省、山西省、黑龙江省，地理标志农产品登记数量分别为351个、201个、197个、176个、168个，其中黑龙江省农产品地理标志总数在全国居于前列，占到全国总数的4.79%，表明黑龙江省的农产品地理标志登记仍有较大的发展空间。

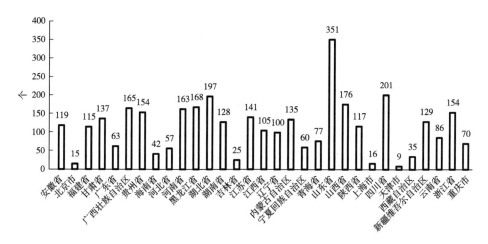

图3-11　2008年至2022年2月我国农产品地理标志登记情况

从具体的产品类别来看，如表3-7所示，黑龙江省农产品登记类型丰富，涵盖蛋类、蜂类、蔬菜类、肉类等14个产品类别。从图3-12中可以看到，粮食占比最大，达到30.36%，其次是果品、水产动物，分别占比15.48%、14.88%。

表3-7　2008年至2022年2月黑龙江省农产品地理标志类别数量

产品类别	数量（个）	产品类别	数量（个）
粮食	51	药材	8
果品	26	蜂类产品	3
水产动物	25	烟草	2
蔬菜	16	蛋类产品	2
食用菌	14	棉麻蚕桑	1
肉类产品	10	其他植物	1
油料	8	糖料	1

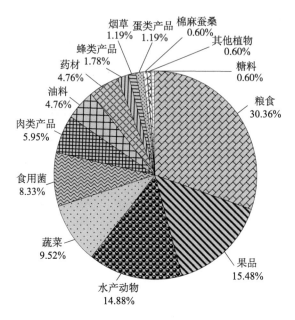

图3-12　2008年至2022年2月黑龙江省农产品地理标志产品类别占比

从每年黑龙江省农产品地理标志登记情况来看，如图3-13所示，2008年之后，每年都有地理标志进行登记，2011年登记数量最多，总体来看，在这14年间，黑龙江省的品牌数量呈现上升趋势，这与近年来黑龙江省政府高度重视农业发展的战略方针是密不可分的。

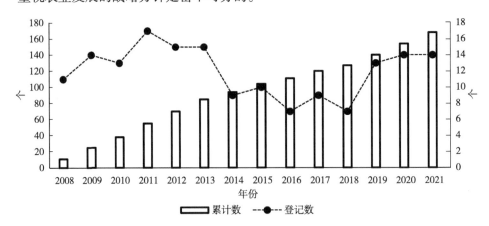

图3-13　2008—2021年黑龙江省农产品地理标志登记情况

（2）区域品牌建设的劣势

第一，不能满足不同层次顾客的需求。

随着人们收入水平的不断提升，人们的消费需求呈现多样化的趋势。不同收入的消费者呈现不同的需求，现有农产品区域品牌中只有极少数能做到对消费者市场进行细分，进而推出更具需求契合度的产品。市场上现有品种过于单一，农产品投放市场时，未能对市场有足够的了解。

第二，假冒伪劣产品充斥市场。

品牌是农产品质量的代言，有品牌的农产品比无品牌的农产品更容易获得消费者的喜爱。由于农产品管理上存在漏洞，一些企业实施投机行为，如"五常大米"事件，未经允许将产品打上品牌标签，以此获得收益，但产品在口感上是存在差异的，使消费者对品牌产生信任危机。甚至一些商贩为争夺市场，用伪劣产品走低价路线，进而出现"劣币驱逐良币"的现象。

第三，产品生产标准化程度低，产品质量不达标。

农产品往往采用人工种植，虽然近年来政府鼓励并支持把科学技术投入农业发展中，但农业的机械化程度与西方国家相比，还有一定的差距。产品生产的专业化和标准化程度都比较低，产品之间还存在一定的差异，产品的达标率不高，在市场上的竞争力不足。

（3）区域品牌建设的机会

第一，省政府对农产品质量安全越来越重视。

黑龙江省作为全国首批开展食用农产品合格证制度试点的省份，严格贯彻落实党中央关于食品质量安全的重要指示，开展了一系列有效行动。2020—2022年，黑龙江省农业农村厅印发了《关于强化产地准出市场准入管理完善食用农产品全程追溯机制的实施意见》《关于强化食用农产品产地准出与市场准入的通告》等文件，持续推进农产品合格证制度落到实处，致力于提升农产品质量，保障农产品安全。2021年《黑龙江省农产品质量安全"十四五"发展规划》的颁布，表明了黑龙江省守护食品安全的决心和信心。经过长期的发展，黑龙江省已建成较为完善的农产品质量安全追溯体系，

2 500多家生产主体入驻农产品质量安全追溯平台，省级主要食用农产品质量安全例行监测总体合格率常年保持在98%以上。

第二，消费者对产品质量的重视。

人民生活实现全面小康，稳步迈向共同富裕，人们的生活水平和生活追求更是上了新台阶，对美好生活充满了向往。人们对食物的追求由"吃得饱"向"吃得好"转变，对"个性化""品质化""品牌化"的产品更加青睐，人们愈加重视产品的质量安全和营养，"无污染、无添加"的绿色食品成为当下市场的"宠儿"。与此同时，随着科学技术的进步，抖音、拼多多、淘宝等数字平台的发展为农产品提档升级带来了前所未有的风口，全国的产品被看见、被消费者选择，直播带货成为农产品销售的新模式，这是对传统农产品销售方式的一次革新，也为全国各省的农产品走向更大的市场提供了新的发展契机。

第三，宏观经济因素。

2024年，我国人口达到14.08亿，联合国预计世界人口在未来60年内还将增加20亿。人口的不断增加带来了对粮食的需求，尤其是农产品需求的增加。随着国家经济的不断发展，人民收入增加的同时消费水平也不断提升，我国粮食消费结构也将进一步向合理结构改变，这为农产品的多元化发展、高品质农产品的打造带来了重要的发展机会。

第四，政府政策的支持。

以"粮头食尾""农头工尾"为抓手，黑龙江省谋划和推进农业产业集群发展，做好"土特产"文章，先后出台了一系列政策支持农产品加工业高质量发展。2023年6月，黑龙江省人民政府办公厅出台了《黑龙江省加快推进农产品加工业高质量发展三年行动计划（2023—2025年）》和《黑龙江省支持农产品精深加工业高质量发展若干政策措施》，每年将安排专项支持资金9亿多元助推农产品精深加工业发展，为农产品提供多重的价值形态，增加农产品的附加值。黑龙江省税务部门扎实落实行动计划，成立了省、市、县三级税务局政策落实工作专班，全力落实相关税费优惠政策。通过加强对税费优惠政策的宣传辅导，发挥税收大数据作用，精准推送政策信息，开展网格员"一对一"上门服务，持续推送红利账单等便民服务"组合拳"，推动政策红利直达快享，为黑龙江乡村振兴和农产品精深加工业高质量发展注入新活力。截至2023年7月，全省已有1 120户企业享受自产农产品免征增值税政策，免征增值税1.28亿元；990户企业享受农民专业合作社免征增值税政策，免征增值税0.24亿元；1 525户企业享受农业生产资料免征增值税政策，免征增值税0.96亿元。全省共有1 986户企业享受农林牧渔业所得减免政策，共减免企业所得税9.71亿元。

（4）区域品牌建设的威胁

第一，充满动荡的外部局势。

首先，全球经济危机使全球粮食危机加剧。粮食价格飙升和市场遭受重创等全球经济冲击大幅削弱了各国抵御与应对粮食危机的能力。其次，出于对粮食安全的担忧，印度、阿联酋、俄罗斯等出口国实施贸易限制，宣布大米出口禁令，保护本国粮食。最后，乌克兰危机的持续，更是加剧了全球粮食安全问题的不确定性和不稳定性。

第二，自然灾害带来的风险。

日渐频繁的极端气候影响着农业的发展，大规模的厄尔尼诺现象对该省乃至全国、全世界产生严重影响。黑龙江省气候时空差异显著，自然条件复杂，加之近年来黑龙江省生态环境状况进一步恶化，水利工程薄弱，农业自然灾害给经济造成了巨大的损失，在黑龙江省所受到的自然灾害中，干旱和洪涝造成的面积最大，低温冻害造成农作物的减产，冰雹对农业影响巨大，直接毁坏农作物，农业自然灾害的发生给粮食生产带来了惨重损失。2023年8月，黑龙江省受台风带来的强降雨影响，多地发生洪涝灾害，五常大米的主产区被水淹没，粮食产量受到影响。2021年的自然灾害造成农作物受灾面积达0.87万公顷，直接经济损失达18.72亿元。

第三，消费者对产品印象不深。

首先，黑龙江省在消费者心中一直以产粮大省的形象存在，但消费者对其市场印象往往缺乏明确性，如东北大米，并未精准到某一个具体的大米品牌上。其次，在产品品牌上，知名品牌少，产品往往比较初级，精深加工产品较少，造成大部分消费者认为黑龙江农产品是初级产品或低附加值产品。

3.4.3 区域品牌建设存在的问题

（1）产品质量缺乏控制

虽然黑龙江省有着得天独厚的生产条件，产品具备先天的发展优势，但农产品的整体品质还受其他因素的影响。首先，在经营方式上，黑龙江省农产品往往以家庭小规模化进行生产，农业的机械化水平不高，产品生产成本相对较高；其次，在生产标准上，同一品牌下的生产企业和农户往往采取不同的生产标准，导致产品在品质上、规格上存在较大的差异；最后，产品的质量追溯机制有待完善和加强。如今，随着科技的进步，很多地方的农产品通过二维码对产品进行身份识别与跟踪，消费者扫描之后便可以清楚地知道有关产品的生长环境、运输过程等信息，黑龙江省的大多数农产品需要在此方面进一步完善。

（2）产品以初级产品为主

随着经济高质量发展的推进，产业的发展由追求规模效益向质量效益转变。黑龙江作为粮食大省，凭借数量规模的优势，粮食产量多年位于全国前列，但产品质量效益上存在巨大的发展空间，关乎着黑龙江省由农业大省向农业强省的成功转型。黑龙江省虽然作为东北老工业基地，有一定的工业基础，但随着近年来的发展，其产业化、工业化水平与我国其他地区相比，存在较大的差距，产品以初级产品为主，在精深加工方面存在不足，如粮食、玉米、大豆、谷物等，产品的附加值不高，产品的利润空间小，产业发展的吸引力比较弱。同时，初级产品的运输成本较高，对运输过程有着较高的要求，产品的流通范围受限，不利于农产品区域品牌的打造与传播。

（3）人们的品牌意识淡化

农产品区域品牌作为一种知识产品，有一定的适用范围和要求，尤其是对于品牌拥有者而言，其具有专用性和排外性。但人们的品牌意识并没有十分强烈，品牌拥有者对品牌的认识不是很清晰，缺乏品牌保护意识，在品牌的营销策划上能力不足。这可能受两个方面的影响：一方面，从农产品区域品牌的使用主体自身来看，其大多属于农民，受自身文化水平的限制，对农产品区域品牌的认识不到位，并未意识到品牌对产品本身的重要性；另一方面，政府等有关部门在推进农产品区域品牌建设时，缺乏系统科学的规划，对农产品区域品牌的宣传及相关主体的培训不到位，相关主体不能有效接收政府等有关部门所传递的信息，导致出现了"政府热、企业冷"的现象。

（4）市场缺乏有效的监管控制

行业协会、政府等有关部门对品牌进入门槛的管理比较松弛，对市场中的产品使用资质缺乏严格的认定，对相关主体的使用行为缺乏有效积极的引导。假冒伪劣产品给具有区域属性的农产品区域品牌带来的打击是毁灭性的。早年的"五常大米"事件，给五常大米的发展带来了严重的冲击。年产量大概70万吨的五常大米，市场销量却达到1 000万吨，这意味着市场上90%的五常大米是假冒的。市场管理中的漏洞给了这些扰乱市场者可乘之机。行业协会作为品牌使用资质的制定者与管理者，未能有效监督品牌的后续使用，许多品牌拥有者被短期利益蒙蔽了双眼，产品质量与申报时的标准存在较大的偏差。同时，由于公用品牌使用主体众多，政府难以做到对所有市场主体的有效监管，对假冒伪劣的行为进行震慑性处罚的力度不够，引导其改正的方式有待完善。

（5）农产品的市场细分不到位

随着经济的发展和人们生活水平的提升，国内消费市场呈现多样化的消费局面，处于不同收入水平的群体对产品有着差异化的消费期望，产品成为某种身份地位的彰显与象征。许多做得较好的农产品品牌会投入资金进行专门的市场调研与分析，而黑龙江省的农产品品牌只有少部分从市场需求出发，对产品进行了细分。产品进入市场后，出现滞销的局面，其背后的原因是供需的不匹配性。在农产品领域，人们更加看重产品的绿色高品质属性，尤其是当新品种在市场推出时，独特的卖点更能吸引高消费人群的注意。但市场提供的农产品并未充分抓住消费者的心理和需求，导致许多产品的销售情况达不到预期效果。

3.5 本章小结

本章对嫩江流域农业生态产品进行现状调查，首先界定了嫩江流域的范围；然后从农业多功能视角对该区域的农业生态产品分类（生态农产品、水生态产品、生态旅游产品、森林生态产品等）；最后以流域内农业大省黑龙江省为例，阐述了农业生态产品发展的现状，在此基础上分析了农业生态产品价值实现的机制建设困境以及区域品牌建设存在的问题，为后文提出对策与建议奠定了基础。

4 基于扎根理论的农业生态产品价值实现的影响因素分析

part 4

扎根理论作为一种质性研究方法，基于涌现、持续比较、理论采样和理论饱和四个核心原则[70]，建立在经验资料的基础上，将新的观察结果与现有理论相结合，具有强烈的实用主义色彩。不同于实证方法中的假设引导式探索，该方法直接从实践资料中进行概括，以连续比较和理论抽样为特色，从而发现同一层级范畴之间的联系与不同层级之间的所属关系的一种自上而下的研究方法[71]。生态产品价值实现的四批典型案例为总结归纳生态产品价值实现的实践与应用，提供了重要的现实资料。

本章选择扎根理论进行研究的原因有以下三点：第一，生态产品价值实现本质是"是什么"和"如何做"的过程性问题，案例研究比较适用于此类问题；第二，生态产品价值实现研究在我国尚未发展成熟，研究对象受情景限制，差异较大，又存在一定的趋同性，更适合案例探索的方法；第三，生态产品价值实现涉及因素众多，现有文献中缺乏普适性的研究成果，扎根理论能够很好地解决这一问题。基于此，本章使用扎根理论对相关经验资料进行分析，通过概括、比较，进而提炼出影响生态产品价值实现的主要因素，为地区进行生态建设提供参考，这不仅可以弥补现有研究所存在的不足，还具有重大的现实意义。

4.1　理论抽样和案例介绍

理论抽样是指有目的地选择样本来获取研究资料[72]。自然资源部公布的四批生态产品价值实现典型案例是我国进行生态文明建设、推进生态产品价值在全国范围内实现工作的重要缩影。本章立足于生态产品价值实现，以第一批、第二批、第三批、第四批生态产品价值实现典型案例的相关资料为研究样本，涵盖我国东、中、西部，具有典型性和代表性，基于实践进行归纳总结，提炼出主要影响因素，符合当前生态产品建设与发展的一般趋势，对全国生态文明建设具有借鉴意义。

此外，鉴于本书的研究对象是我国的生态产品，故剔除了第一批典型案例中的"美国湿地缓解银行案例"，第二批典型案例中的"英国基于自然资本的成本效益分析案例"，第三批典型案例中的"德国生态账户及生态积分案例""美国马里兰州马福德农场生态产品价值实现案例""澳大利亚土壤碳汇案例"，第四批典型案例中的"澳大利亚新南威尔士州生物多样性补偿案例"。

自然资源部推出的四批具有示范作用和指导意义的生态产品价值实现典型案例，是我国进行生态文明建设的阶段性成果，这些案例呈现如下特点：在乡村振兴的大背景下，随着国家生态文明建设的不断推进，各地区遵循可持续发展理念，围绕生态产业化和产业生态化进行了一系列的发展设计与实践落地。这四批案例中包含的生态产品类型丰富多样，价值实现路径呈现多样化的特征，在推进过程中，有相似之处，也有不同之处。生态产品价值实现作为一项系统性工程，需要汇聚多种力量和资源，涉及经济、政治、生态、文化、社会5大方面，各地结合自身的发展现状，尝试不同的路径，推动生态产品价值实现。

4.2 编码过程

4.2.1 开放式编码

开放式编码是指将收集到的资料通过分解、整理、分析将所反映的现象贴上不同的标签，进而将概念进行初始分类的过程。本研究通过对原始资料进行分解、概念化和不断比较，在原始句子的基础上提炼出与研究主题相关的初始概念。在资料提取的过程中，尽可能地保证不同编码之间的差异性和同一编码所代表内容的统一性。研究共计 37 个样本，随机选择 34 个进行理论分析，共形成 237 个初始特征，并预留了 3 个样本进行理论饱和度检验。

表4-1 开放式编码示例

序号	案例名称	相关资料	开放式编码
15	江苏省江阴市	江阴市对主城区沿江区域实施了整体搬迁，对临江的原扬子江船厂等开展生态修复……坚持两手抓，编制并落实《长江（江阴段）沿岸造林绿化建设方案》	15-3 对临江的原扬子江船厂等开展生态修复 15-4 编制并落实《长江（江阴段）沿岸造林绿化建设方案》
18	河北省唐山市	综合治理区域内各类污水，实现南湖水环境的修复……推进"生态＋文化"融合，实现生态、饮食、文化等多要素融合发展	18-4 综合治理区域内各类污水，实现南湖水环境的修复 18-5 推进"生态＋文化"融合
21	云南省元阳县阿者科村	政府每年投入资金用于森林和水源保护……阿者科村对传统生活活动进行重新设计，推出自然野趣等主题性体验产品……通过政策引导等措施，打造"元阳红"等优质品牌	21-3 政府每年投入资金…… 21-4 打造"元阳红"等优质品牌 21-7 推出自然野趣等主题性体验产品

注：完整的开放式编码表见附录2。

4.2.2 关联式编码

关联式编码是指将分散的概念范畴重新聚合，建立起不同概念类属间的有机联系。在开放式编码的基础上，经过分析与筛选、整理，最终得到了与生态产品价值实现关联度较高的12个子类属，分别为产业协同、技术支持、专业化管理、经济发展水平、增收致富、平台支持、品牌建设、推动主体、政策支持、公共基础设施、生态修复、引进社会资本，并进一步归纳为6大核心类属：产业条件、经济能力、助力条件、政府治理、生态基础、外部资本，如表4-2所示。

表4-2　主轴编码结果

核心类属	子类属	对应的开放式编码
产业条件	产业协同	6-6 带动了"生态+旅游""生态+文化"等多种产业形态共同发展； 9-5 打造集"医、学、研、康、养、旅"为一体的综合产业集群……
	技术支持	7-5 采用"新奇特"技术手段…… 23-4 利用集污设备过滤鱼蟹等养殖尾水并通过地下管道流回稻田
	专业化管理	2-6 开展规模化、专业化和产业化开发运营； 6-5 引入专业化管理……
经济能力	经济发展水平	1-1 厦门市五缘湾片区…… 5-1 浙江省东部……
	增收致富	5-7 帮助村民户均增收1万元以上； 8-7 年经济收入达到2 300万元……
助力条件	平台支持	2-2 构建"生态银行"这一自然资源管理、开发和运营的平台； 4-4 构建基于森林覆盖率指标的交易平台……
	品牌建设	11-7 形成了丽舍、香樟小院等一批精品民宿品牌； 13-7 培育"浙有山川"产品加盟基地，与县域品牌、企业品牌等现有品牌相互叠加…… 17-8 "邹城蘑菇"入选中国农业品牌目录……
政府治理	推动主体	1-2 厦门市委、市政府启动了五缘湾片区生态修复与综合开发工作； 22-2 大自然保护协会（The Nature Conservancy，TNC）等与青山村合作，采用水基金项目……
	政策支持	2-3 设计和建立"森林生态银行"运行机制； 24-3 编制了《抚顺县国家主体功能区产业准入负面清单》……
生态基础	公共基础设施	1-5 推进片区公共基础设施建设； 17-10 实现水、电、路、燃气、暖气等"八通"，全部进行绿化、亮化、垃圾分类处理……
	生态修复	6-4 科学规划潘安湖塌陷区生态修复； 9-4 推动国土空间生态修复工程……
外部资本	引进社会资本	8-4 积极引入社会投资2.44亿元； 11-9 港中旅、亚视、南峰等投资集团纷至沓来……

4.2.3 核心式编码

核心式编码是指将各类范畴系统地连接起来，寻找出核心范畴，并通过收集资料验证它们之间的关系，不断完善各类范畴之间的关系，以表明核心范畴所具备的统领性。通过对开放式编码和主轴编码的回顾，最终本章得到了6个生态产品价值实现的影响因素：经济发展水平和增收致富既是基础，又是结果，展现了地区的经济发展成效，并为生态产品价值实现积累了资本，表明了一个地区的经济潜力与经济能力。政府通过政策和活动的推进，加强基础设施建设，营造良好的发展环境，进而吸引社会资本的投入，增强企业发展动力，使其通过产业协同、技术创新、专业化管理方式提升发展势能，在平台和品牌的推动下，将生态价值转化为经济价值，进而促进生态产品价值实现。

最后，进行理论饱和度检验。理论饱和度检验是指用新的案例进行重新编码，不需要在理论模型中添加新维度时停止采样[73]。本章对预留的3个案例依次进行开放式、关联式、核心式编码，从中并未发现新的主范畴，从而表明现有模型的维度达到了"饱和"状态。

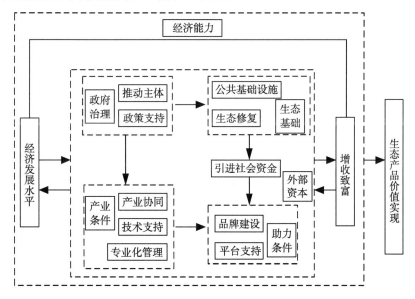

图4-1 生态产品价值实现的影响因素分析示意图

4.3 农业生态产品价值实现的影响因素综合分析

农业生态产品价值实现是一个受多个要素影响的综合体,扎根理论的结果提供了6大主要影响因素,这些因素从不同方面对生态产品价值实现起着不同程度的作用,具体分析如下。

4.3.1 产业条件

产业协同、技术支持、专业化管理是生态产品价值实现过程中的生产因素,在市场流通环节扮演着十分重要的角色。首先,产业协同赋予产品更多的发展形态,使得产业在相互联合中共享资源,为生态产品的价值实现增添了更多的可能性。产业协同是自然资本增值的一个重要途径。产业融合是基于多业态交互、多主体协同、多机制联动、多要素协调、多模式推动而形成的一种命运共同体关系,有助于促进产业间的优势互补、互利共赢、资源共享[74]。第一,要素的合理化利用。产业的协同发展本质上是要素结构重新组合,原有产业在其自身发展阈值内由于产业本身的局限性,使得产业资源利用受限。协同化发展使生态产品本身呈现多样的可能性。一方面,纵向一体化使生态产品的价值链得以延伸,生态产品呈现多样的价值形态。另一方面,横向一体化使诸多类似企业进行集聚,知识技术的外溢推动了产品的创新与发展。第二,新业态的发展与出现。三大产业的融合发展,以生态产品为依托,涌现大量的生态新业态,如文农旅的发展、林下经济的出现等。通过挖掘自然资源的价值,资源内在的价值得以显化,推动了生态产品的创造性发展[75]。第三,居民思想的提升。乡村居民由于文化教育水平等方面的不足,其在思想观念上对现代化的东西有抵触。产业的协同发展使居民对自然资源的价值转化与实现有了更加客观的认识,在为居民带来收入提升的同时,使居民的思想观念发生变化。产业的发展为当地居民提供了一个提升文化水平、技术水平的机会,使其更加顺利地由传统的小农经济向现代化的"生态+"经济进行转变,增强其参与生态文明建设的积极性,从而为生态产品的价值实现提供更多的力量。其次，技术支持作为生态产品生产中的重要力量，在降低生产成本的同时，为生态产品增添了更多亮点。最后，专业化管理摆脱了以往分散且无秩序的生产模式，使得人力资源、物力资源得到更加高效的利用，推动了生态产品价值的实现。

4.3.2　经济能力

经济发展水平和增收致富为生态产品价值实现奠定了重要的物质基础，也是生态产品价值实现的重要目标。从区域来看，经济发展水平的高低通常是一个地区发展综合实力的重要体现，为生态产品价值实现搭建了良好的发挥环境。同时，生态产品价值实现有助于调节生态与经济的关系，推动地区经济向高质量发展前行。在推进乡村全面振兴的大背景下，生态产品价值实现的一个重要标准就是对乡村经济的贡献力量。生态产品建设会创造更多的就业岗位，为当地居民提供就业支持，增加其经济收入，带动其共同参与，共享建设成果，更好地推动生态产品的价值实现。

4.3.3　助力条件

品牌建设是生态产品价值实现的动力因素。首先，品牌具有质量保证功能。消费者对产品的了解往往基于广告等视觉上的认识，无法在产品的质量等信息上获得充分保障。品牌往往是通过长期的市场经营建立起来的，具有传递产品质量等功能，有助于顾客更好地了解产品，帮助顾客打破信息不对称。其次，品牌具有溢价功能。品牌有着良好的信誉，使得消费者愿意付出更多以获得产品。最后，品牌是重要的竞争力。品牌具有识别功能，与没有品牌的产品相比，有品牌的产品会更加容易在市场中被消费者关注，无形中增加了产品的市场竞争力。另外，生态产品往往出自具有资源禀赋的乡村地区，在走向大市场的过程中亟须平台的支持。平台起到连接消费者与产品的重要作用，有利于生态产品走向更加广阔的发展空间。平台支持是生态产品的动力。生态产品的主体源于农民，生态产品的来源场域在乡村，乡村发展的一个重要问题就是平台与载体的问题。从销售目标来看，生态产品的主要消费对象在经济发达的地区，需要借助平台突破空间限制，进而推动生态产品的价值实现。从生产来看，由小农经济的发展向更大规模扩展，增加了生产与管理的难度。一方面，数字化的生态平台推动生态建设现代化。采用智能化的方式进行管理与生产，如无人机、实时监测等技术，从而提升了生态发展的质量和效益，减少了不可控性因素对生态产品的影响。另一方面，中间平台能够增强市场竞争力。类似于淘宝、拼多多这样的中间销售平台搭建起生产端到消费端的桥梁，打破了信息不对称，增强了消费者对生态产品的了解与支持，增进了生态产品在市场上的传播深度与广度，更利于产品品牌的构建与品牌竞争力的增强。

4.3.4 政府治理

作为生态产品价值实现推动主体，政策支持是生态产品价值实现的主导性因素。首先，生态产品具有公共属性，涉及诸多主体参与其中，容易出现利益相关者的利益纠纷等问题。这就决定了生态产品的建设与发展不可能完全依赖市场来运行，必须由政府作为主导力量，进行直接或间接的管理[76]。凭借良好的信誉，政府在公共物品的分配上扮演着极其关键的角色。其次，生态产品是一个自上而下的系统工程，需要大量的人力、物力、财力参与其中，而调动这些资源最有效的方式就是政府政策的支持。政府政策是社会发展的风向标，会引起相关主体的关注，进而影响社会资源的分配与流向。尤其是在资金方面，社会投资者往往将资金投向高收益的市场，从而会导致一些产业畸形化发展。生态产品作为新生事物，有着强有力的生命力与发展前途，但在初始阶段发展比较慢，需要大量的资金支持。政府在给予补贴的同时，需要借助政策来撬动社会资本，使金融机构推出多种绿色金融工具，如绿色债券、绿色保险等，从而促进地区经济绿色发展[77]。

4.3.5 生态基础

首先，生态产品和一般商品的不同之处在于生态产品的价值增值力量源于自然资本的可持续性，因此在生态产品的建设过程中要注意环境的保护。在以往粗放型的经济发展方式中，生态环境遭受了巨大的损害，生态空间的面积锐减。生态修复是生态资本价值实现的前提与基础，是推进乡村全面振兴和实现可持续发展的重要环节，其目标是提供优质的"生态产品"[78]。生态修复不仅是对受损生态空间的拯救，也是维护现有自然资本储量的重要方式。生态修复是对自然资本的保值，也是生态产品永续力的重要来源。传统的经济发展方式给我们带来了巨大的警示与教训：发展经济不能以牺牲环境为代价。良好的生态环境能为生态产品提供保障。人类的某些活动与产业非绿色发展会给生态的自我修复能力造成巨大的破坏，通过加强生态修复和综合开发，统筹推进山水林田湖草一体化治理，恢复自然生态系统功能的本来面貌，稳固并优化生态空间，增强生态空间的承载力，提升生态产品的供给能力、投资潜力与开发价值[79]，进而为发展接续产业奠定基础[80]。从经济价值角度来看，生态产品的投资潜力与开发价值都对生态产品价值的实现造成一定影响。进行生态修复既是保护子孙后代的生态福祉，也是实现人类永续发展的重要保障。其次，公共基础设施是生态产品价值实现的基本环境因素，在生态产品价值实现中发挥着不可忽视的作用。公共基础设施建设的不断加强为生态产品发展提供了良好的基础环境，生态产品的初始环境在于乡村地区，通过加强基础设施建设，提升生活污水、生活垃圾的治理水平，扩大绿化面积，不仅为当地居民提供良好的生活空间，也为生态产品的挖掘与发展提供良好的硬环境。

4.3.6 外部资本

生态产品要想成长起来，需要大量的资金支持。引进社会资本不仅可以解决资金压力的问题，还可以使更多的主体参与进来，汇聚更多的社会力量，共同致力于生态产品的建设与发展。

综合以上分析，得出生态产品价值实现的影响因素综合分析框架，如图4-2所示。

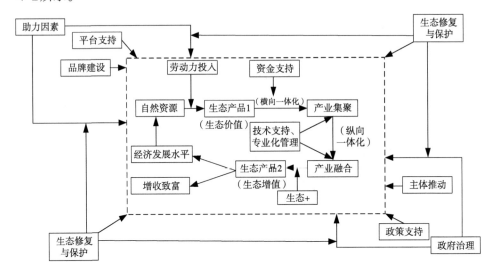

图4-2　生态产品价值实现的影响因素综合分析框架

4.4　本章小结

本章运用扎根理论对生态产品价值实现的影响因素进行研究，主要对收集的资料进行编码，按照理论抽样、开放式编码、关联式编码、核心式编码的方法，将12个因素归为6类，进而提炼出生态产品价值实现的影响因素，并形成生态产品价值实现的影响因素综合分析框架，为后文进行生态产品价值实现效率评价体系设计及生态产品价值实现的前因变量的测量和组态路径的分析奠定研究要素与框架基础。

5 农业生态产品价值实现效率评价与成效分析

part 5

本章基于上一章提出的生态产品价值的实现影响因素，结合现有研究，构建了生态产品价值实现效率评价体系，采用熵值法完成总指标以及分指标的测度，形成初步研究数据，并进一步完成数据校准。

5.1 方法选择与案例来源

与传统回归方法相比，QCA方法认为各个条件变量之间是相互依赖的，从整体视角出发，进行组态效应分析，摒弃了传统视角下单个变量的边际"净效应"的关系分析[81]。与此同时，从研究方法上看，QCA突破了定量分析中偏离因果复杂性的局限性，弥补了定性案例分析方法中研究结论广泛适用性的不足[82]。QCA具有实现同一结果的多路径特点，即"殊途同归"，在每一条路径的内部，都能够识别出每个元素所起的核心与边缘作用，突出元素的重要程度，同时将元素与结果之间的影响机制进行进一步分析。

定性比较分析（QCA）根据变量类型可分为清晰集定性比较分析（csQCA）、多值集定性比较分析（mvQCA）、模糊集定性比较分析（fsQCA）。本章采用的是fsQCA方法，主要基于以下几点考虑：首先，fsQCA更加符合生态产品的价值界定。生态产品价值不是由一个单一性的指标就可以衡量，由于其跨越了自然生态系统和社会经济系统，它更偏向于一个全面性的评估结果，缺乏明确的量化标准，不适合设定精确的数据界限，因此，fsQCA的二分赋值简化策略更适于处理各因素间交织的多元复杂关系，并确保评估结果的可靠性。其次，相较于传统回归分析，fsQCA在揭示小至中等规模样本案例的深层逻辑方面展现出更大优势。fsQCA技术的应用并不受限于样本规模，其分析的稳健性核心在于案例本身的质量。自然资源部公布的37个生态产品价值实现的成功案例及其背后的6个关键驱动因素，恰好契合了fsQCA对于"4至8个解释变量"与"10至60个研究案例"的理想分析范围。最后，生态产品价值实现蕴含着复杂的内在机制，同一因素在不同地域背景下可能对生态产品价值产生截然不同的影响，而不同因素在同一生态产品价值的实现过程中也可能展现出相似的作用。这种多向性的因果关系超越了单向回归分析的范畴，并且影响生态产品价值实现的诸多因素并非孤立存在，而是相互交织、相互影响，QCA的组态分析方法是深入剖析这种复杂关联的有力工具[83]。

5.2　条件变量选择

生态产品价值实现是生态资源嵌入地域空间环境，并与经济、社会、文化、环境等多元要素不断融合的过程，其本质是由绿水青山向金山银山的转化。转化过程受诸多因素的影响，根据扎根理论的研究结果，结合定性比较分析的特点，并兼顾变量数量范围的合理性[84]，从6个角度进行选择，在此基础上，结合生态产品价值实现现状，构建生态产品价值实现指标体系以及各因素的衡量指标。

5.3　变量衡量与校准

5.3.1　变量衡量

变量衡量的前提是对变量有一个清晰的界定，本书所研究的关键问题是生态产品价值实现程度、成效问题，并非生态产品价值量的多少。生态产品价值实现是指生态产品的生态价值向经济价值、社会价值、文化价值的现实转化程度，丽水、抚州的试点方案提出了"GEP的GDP转化率"或"生态产品价值实现率"的目标，王金南等在第四产业发展指标中提到生态产品初级转化率[85]，用初级生态产品与生态产品GEP的比值来反映初级生态产品的价值实现程度，即"绿水青山"向"金山银山"的转化程度。王晓欣等基于生态产品的基础、关键、外在表现，从生态产品供给、政策干预、民生福祉改善三大层面构建生态产品评级体系[86]，评估了一些地区的价值转换成效。

在进行地区间生态产品价值实现衡量时，应考虑生态产品价值计算的专业性和复杂性，本章参考王晓欣等的研究，通过构建生态产品价值实现成效评价体系，在前文影响因素分析的基础上，搭建指标框架，用熵权Topsis的方法计算出综合得分，以此来衡量不同案例的生态产品价值实现的相对成效，并基于此进行生态产品价值实现的组态研究。本章数据来源于中国统计年鉴、各省统计年鉴、国民经济和社会发展统计公报、生态环境状况公报。鉴于数据的完整性与及时性，本章选择2018—2021年的数据进行研究。

表5-1　生态产品价值实现成效评价体系

一级分类	二级分类	评价指标/单位	属性	权重
生态基础	生态修复	空气质量优良天数比例	+	0.013 467 6
		PM$_{2.5}$平均浓度 /ug·m^{-3}	−	0.015 993 4
		PM$_{10}$平均浓度 /ug·m^{-3}	−	0.006 822 7
		纳入国家或升级考核的地表水水质优良的比例 /%	+	0.014 664 7
		森林覆盖率 /%	+	0.015 216 4
		案例描述中提到的主要实现的生态调节功能，如涵养水源、净化空气等，每提到1项得1分	+	0.011 829 5
	公共基础设施	城市绿化率 /%	+	0.007 957 2
		污水处理率 /%	+	0.003 379 7
		生活垃圾无害化处理率 /%	+	0.003 953 4

一级分类	二级分类	评价指标/单位	属性	权重
政府治理	推动主体	价值实现渠道建设的主体，包括政府、农民、企业、市场，每1个主体得到1分	+	0.006 572 6
	政策支持	政策制度保障：试点/示范点、出台相关指导文件，每符合1项得1分	+	0.030 035 8
		绿色补偿、生态补贴机制：森林/水资源/土地资源的补偿/补贴/分红、流转补偿、搬迁补偿，每实现1项得1分	+	0.036 525 6
		财政保障：与生态保护及生态产业相关的财政支出占总支出的比例/%	+	0.031 714 6
产业条件	产业协同	是否开展生态产业化经营、扩展休闲旅游空间（是=1，否=0）	+	0.013 439 9
	技术支持	技术保障：交易平台、价值清算、确权登记数据库、数据监测平台、专业/新兴技术，每搭建1项得1分	+	0.075 875 1
	专业化管理	专业的产权交易：碳汇、地票、资源产权等	+	0.140 358 3
外部资本	引进社会资本	生态金融产品建设：生态银行、产权抵押贷款、生态信用、融资，每实现1项得1分	+	0.140 030 2
助力条件	品牌建设	有无"三品一标"农产品（是=1，否=0）	+	0.019 414 5
		有无典型区域品牌（是=1，否=0）	+	0.083 581 3
	平台建设	是否有交易平台（是=1，否=0）	+	0.121 116 4
经济能力	经济发展水平	地区生产总值/%	+	0.007 541 5
		农林牧渔产值同比增长/%	+	0.009 320 8
		旅游收入占服务业总收入的比例/%	+	0.028 047 0
		是否带动土地溢价增值（0=否，1=是）	+	0.089 968 2
	增收致富	人均可支配收入同比增加/%	+	0.009 666 3
		城乡居民收入比	+	0.007 921 7
		财产性收入占可支配收入的比例/%	+	0.013 275 9
		恩格尔系数/%	−	0.014 935 9
		人均消费支出	+	0.019 132 2
		失业率/%	−	0.008 241 6

5.3.2 变量的测度方法

熵值法是一种客观赋权方法，利用信息熵计算出指标权重，从而为多指标综合评价得分提供依据。熵值法的计算过程如下。

①指标选取。若设有 m 个地区，n 个研究指标，则 q_{ij} 为 i 地区的第 j 个指标（$i=1，2，\cdots，m$；$j=1，2，\cdots，n$）。

②）指标标准化处理。为解决单位差异造成的量纲问题，需要进行标准化处理。正向指标与负向指标代表含义的差异，需采用不同的算法进行处理，如式（5-1）、式（5-2）所示：

$$正向标准化：q'_{ij} = \frac{q_{ij} - \min\{q_{1j},\cdots,q_{mj}\}}{\max\{q_{1j},\cdots,q_{mj}\} - \min\{q_{1j},\cdots,q_{mj}\}} + 1 \tag{5-1}$$

$$负向标准化：q'_{ij} = \frac{\max\{q_{1j},\cdots,q_{mj}\} - q_{ij}}{\max\{q_{1j},\cdots,q_{mj}\} - \min\{q_{1j},\cdots,q_{mj}\}} + 1 \tag{5-2}$$

③确定第 1 个地区在第 j 个指标的权重，如式（5-3）所示：

$$令 p_{ij} = q'_{ij} \bigg/ \sum_{i=1}^{m} q'_{ij}。 \tag{5-3}$$

④计算第 i 个指标的熵值，如式（5-4）所示：

$$e_j = -k \sum_{i=1}^{m} q_{ij} Ln(p_{ij})（i=1，2，\cdots，m；j=1，2，\cdots，n） \tag{5-4}$$

式中，$k>0$，$k=\ln(m)$，表示调节系数，确保 $0<e_j<1$。

⑤计算第 j 个指标的信息效用值，如式（5-5）所示：

$$d_j=1-e_j（j=1，2，\cdots，n） \tag{5-5}$$

信息效用值 d_j 越大，说明指标的重要性越大。

⑥计算第 i 个指标的权重，如式（5-6）所示：

$$w_j = d_j \bigg/ \sum_{j=1}^{n} d_j（j=1，2，\cdots，n） \tag{5-6}$$

⑦计算第 i 个城市的综合得分，如式（5-7）所示：

$$S_j = \sum_{j}^{n} w_j p_{ij}（i=1，2，\cdots，m；j=1，2，\cdots，n） \tag{5-7}$$

5.3.3 变量校准

模糊集的研究对象是集合，为增强不同单位变量的可比性，需要对数据进行校准，本章按照95%的完全隶属度、50%的交叉隶属度、5%的完全不隶属度进行校准，各变量的校准标准如表5-2所示。其中，外部资本采用二分法进行校准，分值大于等于1赋值为1，否则赋值为0。校准后的真值表数据如表5-3所示。

表5-2　各变量校准锚点

变量		锚点		
		完全隶属点	交叉点	完全不隶属点
结果变量	生态产品价值实现效率	0.536 211 16	0.302 030 8	0.149 903 06
条件变量	生态基础	0.082 716 82	0.056 565 4	0.029 076 42
	政府治理	0.063 248 76	0.041 566 0	0.016 295 82
	产业条件	0.107 771 56	0.038 731 6	0.013 439 90
	助力条件	0.204 697 70	0.102 995 8	0.015 531 60
	经济能力	0.155 356 86	0.061 048 9	0.039 645 16
	外部资本	0.046 676 70	0.000 000 0	0.000 000 00

表5-3　农业生态产品价值实现典型案例的影响因素真值表

n	Env	Gov	Ins	Cap	Sup	Eco
case1	0.9	0.84	0.05	0.501	0.05	0.96
case2	0.94	0.54	0.96	1	0.75	0.91
case3	0.37	0.13	0.01	0.501	0.05	0.05
case4	0.61	0.52	0.83	0.501	0.75	0.05
case5	0.88	0.08	0.501	0.501	0.75	0.95
case6	0.15	0.02	0.72	0.501	0.05	0.9
case7	0.61	0.14	0.501	0.501	0.05	0.93
case8	0.96	0.6	0.05	0.95	0.05	0.96
case9	0.501	0.55	0.05	0.501	0.05	0.53
case10	0.38	0.43	0.75	0.95	0.05	0.15

n	Env	Gov	Ins	Cap	Sup	Eco
case11	0.72	0.501	0.9	0.501	0.501	0.501
case12	0.95	0.98	0.501	0.95	0.95	0.91
case13	0.36	0.08	0.75	0.95	0.95	0.03
case14	0.39	0.11	0.05	0.501	0.05	0.08
case15	0.47	0.96	0.05	0.501	0.03	0.93
case16	0.22	0.13	0.05	0.501	0.05	0.14
case17	0.17	0.72	0.05	0.501	0.501	0.1
case18	0.04	0.38	0.501	0.501	0.03	0.05
case19	0.46	0.81	0.17	0.95	0.63	0.23
case20	0.91	0.94	0.17	0.95	0.75	0.05
case21	0.77	0.37	0.05	0.501	0.501	0.35
case22	0.49	0.77	0.88	0.501	0.75	0.34
case23	0.03	0.17	0.501	0.501	0.05	0.87
case24	0.92	0.16	0.75	0.501	0.97	0.91
case25	0.77	0.11	0.05	0.501	0.95	0.88
case26	0.7	0.37	0.05	0.501	0.05	0.9
case27	0.92	0.02	0.05	0.501	0.05	0.89
case28	0.49	0.65	0.501	0.501	0.05	0.94
case29	0.84	0.95	0.99	0.501	0.501	0.18
case30	0.27	0.4	0.72	0.501	0.501	0.25
case31	0.95	0.88	0.88	0.95	0.501	0.07
case32	0.05	0.06	0.72	0.501	0.501	0.25
case33	0.38	0.37	0.05	0.501	0.34	0.05
case34	0.2	0.64	0.95	0.501	0.05	0.52
case35	0.69	0.81	0.88	0.95	0.501	0.54
case36	0.72	0.84	0.05	0.501	0.501	0.59
case37	0.19	0.63	0.501	0.501	0.501	0.08

5.4 生态产品价值实现成效分析

5.4.1 农业生态产品价值实现总指数分析

在前文运用扎根理论构建生态产品价值实现影响因素体系的基础上，结合现有研究，从生态产品保护成效、生态产品转化成效、生态产品富民成效、生态产品实现保障4个维度对生态产品价值进行成效测度，构建了涵盖6个准则层，包含9个一级指标和24个二级指标的农业生态产品价值实现成效的评价指标体系。此外，为了方便比较分析，将嫩江流域农业生态产品价值实现成效各分级指数整体放大100倍。同时，为了更好地比对分析，将国家自然资源部发布的四批典型生态产品价值实现案例作为对照组，根据其平均发展的情况来找出嫩江流域在发展过程中存在的问题以及与国内生态产品发展趋势存在的差异，同样对农业生态产品价值实现成效各分级指数整体放大100倍，如图5-1所示。

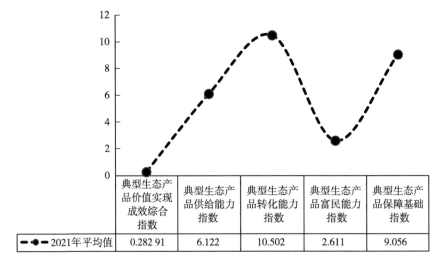

	典型生态产品价值实现成效综合指数	典型生态产品供给能力指数	典型生态产品转化能力指数	典型生态产品富民能力指数	典型生态产品保障基础指数
●2021年平均值	0.282 91	6.122	10.502	2.611	9.056

图5-1　2021年国内农业生态产品价值实现成效各级指数

从区域总体尺度来看，如图5-2所示，2018—2021年，嫩江流域农业生态产品价值实现成效综合指数总体呈上升趋势，从2018年的0.254增加到

2021年的0.377，说明嫩江流域的农业生态产品价值实现成效有了显著提升。此外，2018—2020年的发展比较平稳，2021年有了明显的转变，说明2021年的成效提升更为显著。但从指数上看，农业生态产品价值实现成效综合指数水平不高。回顾我国生态产品发展历程，生态产品建设在我国起步较晚，生态产品价值如何实现对于许多地区来讲，仍是一个崭新的命题。生态产品与生态环境基础有着较为紧密的联系，从地理空间分布来看，我国生态产品价值实现的最新进展多集中于东南沿海地区，国家自然资源部发布的四批典型案例中东南沿海地区居多，东北地区只有吉林抚松县一个。而嫩江流域各地区总体上未能跟进国内东部地区发展趋势，现有实践探索仍局限于绿色发展以及降低污染的范畴，在生态权益交易产品及生态金融产品等转化能力方面还有巨大的挖掘潜力。

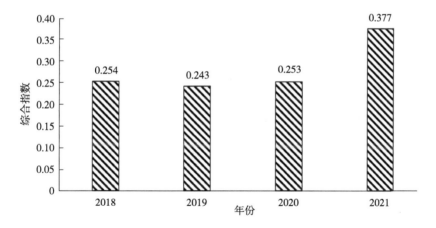

图5-2 2018—2021年嫩江流域农业生态产品价值实现成效综合指数

由于嫩江流域主要流经3个省份（黑龙江省、吉林省、内蒙古自治区），所以在具体的地域范围上，主要以市域为研究尺度，从表5-4中可以看到，2018—2021年，排名每年都有差异，说明各地区间的建设能力不断变化，同时，除了呼伦贝尔市，其他8个地区的农业生态产品价值实现成效综合指数总体呈上升趋势，说明嫩江流域的大部分地区的生态产品建设取得了显著成效。呼伦贝尔市的指数虽有波动，但与各个地区相比，处于较高建设水平。

观察指数可以发现，2018—2021年，大兴安岭地区、呼伦贝尔市排名都比较靠前，说明这些地区的农业生态产品价值实现成效比较显著，这些地区农牧业发达，经济发展对生态的依赖度比较高，同时作为国家重点生态保护地区，获得了更多的支持。而大庆等地，作为典型的东北老工业基地，生态比较薄弱。

表5-4　2018—2021年嫩江流域各地区农业生态产品价值实现成效综合指数及排名

地区	年份							
	2018		2019		2020		2021	
	综合指数	排名	综合指数	排名	综合指数	排名	综合指数	排名
大兴安岭地区	0.671 224	1	0.323 093	2	0.526 538	1	0.800 221	1
黑河市	0.300 474	3	0.273 596	5	0.314 852	4	0.504 084	2
齐齐哈尔市	0.134 957	7	0.165 546	6	0.133 607	7	0.192 788	8
大庆市	0.142 014	6	0.105 937	8	0.122 650	8	0.238 742	7
白城市	0.163 282	4	0.282 449	3	0.152 647	6	0.479 198	3
松原市	0.101 443	8	0.092 152	9	0.094 113	9	0.186 787	9
通辽市	0.098 904	9	0.130 334	7	0.241 585	5	0.264 785	6
呼伦贝尔市	0.514 806	2	0.541 581	1	0.357 387	2	0.391 508	4
兴安盟	0.157 584	5	0.276 290	4	0.329 570	3	0.331 484	5

5.4.2 农业生态产品供给能力指数分析

由表5-5可知，9个地区的生态产品供给能力指数有着较为明显的变化。除大庆市的生态产品供给能力有小幅下降外，其他地区总体呈现上升趋势。同时，从区域分布上看，从北到南，农业生态产品的供给能力呈现下降趋势，越往南供给能力越小，大兴安岭地区、呼伦贝尔市、黑河市的生态环境质量基础较好，大庆市、白城市、松原市在工业经济的发展进程中进行了大量的开发，但近年来更加重视生态与经济的平衡，不断加强城市绿化，防治污染，提升空气质量，提高生态水平。图5-1中的典型生态产品供给能力指数2021年的平均值为6.122，而嫩江流域的大兴安岭地区、黑河市、齐齐哈尔市、呼伦贝尔市和兴安盟的生态产品供给能力指数都明显高于均值，表明这些地区是有良好的生态基础，具有极大的生态产品发展潜力的。

表5-5　2018—2021年嫩江流域农业生态产品供给能力指数分析

年份	地区								
	大兴安岭地区	黑河市	齐齐哈尔市	大庆市	白城市	松原市	通辽市	呼伦贝尔市	兴安盟
2018	19.597	16.866	7.435	5.215	4.901	3.313	3.311	18.192	7.110
2019	20.941	17.917	8.019	4.244	3.746	2.838	3.607	17.442	7.151
2020	20.610	18.253	7.804	4.709	4.887	3.808	4.577	17.504	7.247
2021	20.552	18.602	10.144	4.371	6.280	5.335	4.440	18.288	7.204

5.4.3 农业生态产品转化能力指数分析

根据表5-6中的数据可知，9个地区的生态产品转化能力指数呈现较大的差异，说明不同地区的转化能力有着显著不同。从时间维度上看，2018—2021年总体上呈上升趋势，说明生态产品的转化能力不断提升。生态产品的转化能力与生态产品的供给能力在区域分布上呈现一致性，说明生态基础与生态产品的转化存在一定关系，生态基础良好的地区为生态产品转化提供了条件。大兴安岭地区、黑河市、呼伦贝尔市、兴安盟的森林覆盖率较高，更有利于地区碳汇交易的发展。而齐齐哈尔市、大庆市、松原市的指数水平较低，低于典型生态产品转化能力指数2021年的平均值，说明这些地区尚未建立起自然生态向经济价值转化的有效机制。这些地区缺乏像生态产品价值转化指标中所提到的生态银行、生态信用、地票、森林覆盖率指标，仅有大兴安岭地区、黑河市、呼伦贝尔市、兴安盟出现碳汇指标，自然原因可能是一部分，但生态产品需要结合自身来看，嫩江流域这些地区拥有东南沿海所没有的冰天雪地资源，而这份宝贵的资源尚未得到充分的开发，其价值尚未得到充分的转化。

表5-6　2018—2021年嫩江流域农业生态产品转化能力指数分析

年份	地区								
	大兴安岭地区	黑河市	齐齐哈尔市	大庆市	白城市	松原市	通辽市	呼伦贝尔市	兴安盟
2018	20.599	6.832	0.802	2.787	6.001	0.908	0.957	8.295	1.231
2019	0.871	3.905	3.529	0.406	0.833	0.792	3.245	5.963	6.219
2020	5.170	3.892	1.245	2.664	5.769	0.724	8.285	8.211	18.358
2021	30.629	21.099	3.473	2.806	25.403	8.337	10.562	13.269	18.399

5.4.4 农业生态产品富民能力指数分析

从表5-7中可以看出，9个地区的生态产品富民能力指数也呈现一定的差异。松原市和齐齐哈尔市的发展较平稳，大兴安岭地区仍维持较高水平，大庆市、白城市、通辽市的富民能力指数总体上呈现上升趋势，呼伦贝尔市的富民能力指数呈下降趋势，但都大于典型生态产品富民能力指数2021年的平均值。这说明生态产品的价值外溢对大庆市、白城市、通辽市有着较为显著的表现，带来了人均可支配收入的提升、城乡差距的缩小等，即生态产品建设是有利于改善人民收入的，生态产品通过生态产业化的发展，创造了更多的就业岗位，拓宽了人民的收入渠道，有益于民生福祉。

表5-7　2018—2021年嫩江流域农业生态产品富民能力指数分析

年份	地区								
	大兴安岭地区	黑河市	齐齐哈尔市	大庆市	白城市	松原市	通辽市	呼伦贝尔市	兴安盟
2018	25.164	4.285	3.179	2.829	2.410	2.751	2.416	22.193	3.921
2019	8.328	3.160	2.655	2.235	19.880	2.360	3.199	28.334	10.305
2020	25.338	7.611	2.637	2.122	1.741	2.172	9.672	8.676	4.702
2021	26.294	8.448	3.339	13.107	13.343	2.586	9.234	5.433	4.032

5.4.5 农业生态产品保障基础指数分析

从表5-8中可以看到，9个地区的生态产品保障基础指数在区域之间差异不显著，对于区域自身而言，2018—2021年，生态产品保障基础指数虽有变动，但变化幅度较小，这说明每个地区都为生态产品的发展提供了支持。但在指数上，与典型生态产品保障基础指数2021年的平均值9.056之间存在较大的差异，说明各地区在生态产品保障基础方面还存在不足。9个地区的政府为推进地区的生态建设，开展环境保护活动、召开论坛、参加博览会等推广活动帮助地区的生态发展，在资金方面提供不同程度的财政支持。在技术保障方面，虽然许多地区如呼伦湖保护区、通辽市、松原市等通过数字化平台对环境进行了监测，但忽视了交易平台的建设，这是阻碍生态产品价值转化成效的重要因素，也是未来进行完善的重点方向，毕竟只有搭建较为完善的交易平台才能使生态产品进入市场，进而实现生态价值向经济价值的转变。

表5-8　2018—2021年嫩江流域农业生态产品保障基础指数分析

年份	地区								
	大兴安岭地区	黑河市	齐齐哈尔市	大庆市	白城市	松原市	通辽市	呼伦贝尔市	兴安盟
2018	1.763	2.065	2.080	3.469	3.016	3.173	3.207	2.800	3.496
2019	2.169	2.378	2.353	3.709	3.786	3.225	2.982	2.420	3.954
2020	1.536	1.729	1.675	2.770	2.868	2.707	1.625	1.348	2.650
2021	2.547	2.260	2.323	3.590	2.894	2.421	2.243	2.161	3.513

5.5　本章小结

生态产品价值实现是一个多维构念，受诸多因素的影响，因此用定性比较分析法来研究多重因素对生态产品价值实现的影响。首先，在前文分析的基础上，从生态基础、政府治理、产业条件、外部资本、助力条件、经济能力6个方面构建了生态产品价值实现效率评价体系。然后，采用熵值法对总指标以及分指标进行了得分测量。最后，采用直接校准法对数据进行了校准，从而为后文进行生态产品价值实现的组态分析提供数据支持。

6　农业生态产品价值实现的组态分析

part 6

本章在前两章构建出的影响因素体系、测度变量的基础上，运用模糊集定性比较分析法依次开展单个条件的必要性分析、条件组合的充分性分析、稳健性检验、条件间的潜在替代关系、基于区域异质的进一步分析，旨在找出生态产品价值实现的可能路径。

6.1 必要性条件分析

在采用QCA方法进行组态分析前，需要对生态基础（*Env*）、政府治理（*Gov*）、产业条件（*Ins*）、助力条件（*Sup*）、经济能力（*Eco*）、外部资本（*Cap*）进行单个条件的必要性分析，从而检验各个变量对生态产品价值实现影响的必要性。其中，一致性指的是某种组合条件中产生目标结果的案例比例，从"条件"到"结果"，一致性越好，表明该组合的解释能力越好；覆盖度指的是目标结果的案例中某种组合出现的比例，从"结果"到"条件"，计算公式如下：

$$Consistency(X_i \leq Y_i) = \frac{\sum \text{MIN}(X_i, Y_i)}{\sum X_i}, \ Consistency \in (0, 1) \quad (6-1)$$

$$Coverage(X_i \leq Y_i) = \frac{\sum \text{MIN}(X_i, Y_i)}{\sum Y_i}, \ Coverage \in (0, 1) \quad (6-2)$$

式中，X_i是条件组合的隶属分数，Y_i是结果的隶属分数。

必要性分析结果如表6-1所示，除生态基础、助力条件两个变量的一致性分值大于0.8（Fiss，2011）以外，其余变量的一致性水平皆小于必要条件的判定标准。一方面，生态产品价值实现需要以良好的生态环境条件为基础，另一方面，生态产品作为商品，以广大农村地区为重要依托，其走向市场更需要借助平台支持，通过品牌化获得溢价增值，所以生态基础、助力条件与生态产品价值实现的一致性分值比较高。另外，所有条件并非均构成生态产品价值实现的必要条件，即当因素单独出现时，并不一定能够达到期望的效果，因此有必要对生态产品价值实现的影响因素进行组合分析，进一步确定影响生态产品价值实现的路径。

表6-1　必要性条件分析结果

条件变量	结果变量	
	一致性	覆盖度
Env	0.861 303	0.789 848
~Env	0.480 756	0.540 080
Gov	0.724 319	0.766 151
~Gov	0.608 104	0.587 414
Ins	0.664 526	0.766 151
~Ins	0.588 138	0.527 891
Sup	0.884 375	0.730 113
~Sup	0.537 926	0.699 207
Eco	0.703 710	0.918 658
~Eco	0.591 724	0.487 175
Cap	0.671 859	0.694 923
~Cap	0.575 451	0.567 612

注：~表示非。

6.2　充分性条件分析

本章采用指标体系构建数据，使用模糊集进行组态分析。采用多数学者的做法，将一致性和频数设置为0.8和1[87-88]，对生态基础、政府治理、产业条件、外部资本、助力条件、经济能力进行组合分析，最终得到4条实现路径，如表6-2所示。

表6-2　生态产品价值实现效率高水平的组态分析

影响因素	生态产品价值实现效率高水平			
	a	b	c	d
Env	●	●	⊗	●
Gov	⊗	●		
Ins	●		●	
Cap	●	●	●	●
Sup		●	●	●
Eco	●		⊗	●
一致性	0.986 533	0.980 451	0.939 176	0.998 618
原始覆盖度	0.278 411	0.456 400	0.266 153	0.386 81
唯一覆盖度	0.056 206 8	0.107 757	0.067 555	0.032 171 7
总体一致性	0.956 098			
总体覆盖度	0.656 335			

注：●表示边缘条件存在，⊗表示边缘条件不存在，●表示核心条件存在。

6.2.1　路径组合a：生态产业型

该组合原始覆盖度为27.841 1%，表明能够解释27.841 1%的案例。但从唯一覆盖度来看，仅有5.620 68%的案例能够被该路径解释。路径a表明，在政府治理水平有限时，只要以良好生态、完善的产业条件、一定的外部资本和经济条件为因素组合，无论地区的支持条件如何，均可以推动生态产品的价值实现。这条路径可以称为"生态产业型"生态产品价值实现路径。此路径适合生态基础和产业发展基础良好的地区。本书所选取的生态产品价值实现典型案例中的山东威海、浙江余姚、吉林抚松等案例是这一路径的实践与应用。以浙江余姚市梁弄镇为例，以"一个平台"为抓手，通过生态修复提升环境承载力、生态产品的质量，并发展红色旅游、绿色康养、民宿等生态产业，打通了生态产品价值实现的渠道。

6.2.2 路径组合b：全面发展型

该组合原始覆盖度为45.640 0%，表明能够解释45.640 0%的案例，该组合拥有最高的解释力度。从唯一覆盖度来看，仅有10.775 7%的案例能够被该路径解释，而不能够被其他路径解释。路径b表明，当拥有良好的生态基础时，只要有一定的外部资本，在政府的高效治理和助力条件充足的情况下，就可以实现生态产品价值。这条路径可以作为"全面发展型"生态产品价值实现路径。本书所选取的生态产品价值实现典型案例中的福建南平武夷山国家公园、福建三明案例是这一路径的实践与应用。以福建三明为例，地区生态资源丰富，政府加大了林权改革与建设，通过林票、碳汇等途径，构建了规模庞大的产业集群，使得林业经济效益不断提升，实现了巨大的生态价值。

6.2.3 路径组合c：产业助力型

该组合唯一覆盖度为6.755 5%，说明仅有6.755 5%的案例能够被该路径解释，而不能够被其他路径解释。路径c表明，即使经济能力弱、生态基础薄弱，只要有一定的产业基础、助力条件和外部资本，就可以实现生态产品价值。这条路径可以作为"产业助力型"生态产品价值实现路径。此路径适合有一定品牌建设和平台建设、产业基础良好的地区。本书所选取的生态产品价值实现典型案例中的河南省淅川县等案例是这一路径的实践与应用。淅川县经济发展水平不高，但该地区立足实际，积极发展生态产业和绿色工业，并构建以"淅有山川"为代表的区域公用品牌和品牌推介平台，实现了区域经济效益与生态效益的相互促进。

6.2.4 路径组合d：助力发展型

该组合唯一覆盖度为3.217 17%，说明仅有3.217 17%的案例能够被该路径解释，而不能够被其他路径解释。路径d表明，在经济发展能力强的地区，无论政府治理和产业条件如何，只要生态良好、有充足的助力条件和一定的外部资本，就可以实现生态产品价值。这条路径可以作为"助力发展型"生态产品价值实现路径。此路径适合有一定品牌建设和平台建设、经济基础良好的地区。本书所选取的生态产品价值实现典型案例中的广东南澳"生态立岛"等案例是这一路径的实践与应用。南澳县拥有海洋公园、国家级自然保护区等，该地构建了绿色低碳的交通和城市综合管理体系，并建立了信息共享平台，塑造后花园宋茶等农产品区域品牌，实现了区域经济效益与生态效益的相互促进。

基于对路径的具体分析可以发现，外部资本是不同路径组合中高频出现的变量，出现在4条路径组合之中，同时与单变量因素分析中一致性最高的变量相吻合。在二者共同出现并与政府治理、助力条件组合而成的路径b中，产生了最高原始覆盖度。此外，生态基础和产业条件在4个路径中与政府治理一同出现时，原始覆盖度最高。

6.3 稳健性检验

QCA是一种集合论方法，当轻微改变操作，产生的结果间存在子集合关系，不会改变研究发现的实质解释时，视为稳健。为此，参考杜运周等[89]的方法，通过调整一致性阈值和案例频数进行稳健性检验。

6.3.1 调整一致性阈值

将一致性阈值由0.9调整为0.6，观察表6–3可以发现，产生的组态基本包括表6–2中的现有组态，从而表明研究的组态结果比较稳健。

表6–3 一致性阈值调整

中间解	原始覆盖度	唯一覆盖度	一致性
Gov *Ins*Cap*Sup*~Eco	0.290 295	0.018 253 9	0.974 659
Env*~Gov*Ins* Cap * Eco	0.278 411	0.056 206 9	0.986 533
Env*Gov*Cap*Sup	0.456 4	0.057 277 5	0.980 451

中间解	原始覆盖度	唯一覆盖度	一致性
Env*Cap*Sup*Eco	0.386 81	0.032 171 8	0.998 618
总体覆盖度	0.607 034		
总体一致性	0.967 412		

注:~表示非,*表示和。

6.3.2 因果非对称性

借鉴 Bell 等[90]提出的稳健性检验方法,对结果变量为相反值的条件变量组合进行分析,结果如表6-4所示。

表6-4　生态产品价值实现效率低水平的组态分析

影响因素	生态产品价值实现效率低水平			
	f1	f2	f3	f4
Env	⊗	⊗	●	⊗
Gov	⊗	⊗	⊗	●
Ins		●	⊗	⊗
Cap	●	●	●	●
Sup	⊗	⊗	⊗	⊗
Eco	⊗		●	●
一致性	0.993 829	0.992 583	0.963 548	0.987 858
原始覆盖度	0.439 598	0.365 249	0.303 019	0.262 023
唯一覆盖度	0.101 752	0.037 229 1	0.067 743 9	0.044 762 3
总体一致性	0.978 558			
总体覆盖度	0.647 743			

注:●表示边缘条件存在,⊗表示边缘条件不存在,●表示核心条件存在,⊗表示核心条件不存在。

对比表6-2和表6-4可以发现,引致"生态产品价值实现效率高水平"与"生态产品价值实现效率低水平"的路径组合存在明显不同,而且导致生态产品价值实现效率低水平的条件变量组合并非导致生态产品价值实现效率高水平条件变量组合的对立，即结果变量的成因具有非对称性，说明正反结果的原因不能简单归结为非此即彼的关系，进一步检验了结果的稳健性。

6.4 条件间的潜在替代关系

分析4条"殊途同归"路径中的条件变量组合情况可知，路径中的变量存在等效替代关系。对比组态a和组态c可以发现，在产业条件和外部资本良好的情况下，良好的经济能力和较好的生态基础或好的助力条件都可以促成生态产品价值实现效率高水平，如图6-1所示。

图6-1　组态a和组态c

对比组态a和组态b可以看出，当生态基础和外部资本良好时，好的政府治理和助力条件或良好的经济能力与良好的产业条件都可以提升生态产品价值实现效率，如图6-2所示。对比组态a和组态d可以看出，当外部资本、经济能力和生态基础良好时，良好的助力条件或者较好的产业条件都可以促成生态产品价值实现效率高水平的实现，如图6-3所示。

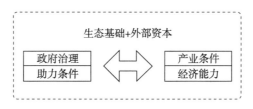

图6-2　组态a和组态b

图6-3 组态a和组态d

对比组态b和组态c可以看出，当外部资本和助力条件良好时，良好的政府治理和生态基础或者良好的产业条件都可以提升生态产品价值实现效率，如图6-4所示。对比组态c和组态d可以看出，当外部资本和助力条件良好时，良好的生态基础和经济能力或者较好的产业条件同样可以促成生态产品价值实现效率高水平的实现，如图6-5所示。

图6-4 组态b和组态c

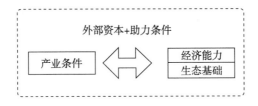

图6-5 组态c和组态d

总体而言，从路径中可以看到，没有哪个因素可以单独影响农业生态产品价值的提升，即使存在某一因素缺失，也会因为其他因素的存在而达到同样的目标，即不同条件组合间存在等效替代关系，并以"殊途同归"的方式提升生态产品价值实现效率水平。

6.5 进一步分析

生态产品价值的载体——生态系统服务随着不同的时空范围而变化[91]。根据空间异质性理论，不同空间位置上的事物与现象之间存在差异，表现为地理结构的非均衡或者经济行为的不稳定[92]。空间是特定资源禀赋的集合体，不同空间的供需能力、承载能力不同，空间的经济行为存在较大差异。不同地区的生态系统提供的生态价值与其特定的地理条件和社会经济条件之间有着密切的联系[93]。空间单元的非均质性和结构的非平衡性成为空间异质性的根本原因，主要表现为自然禀赋不同、发展不平衡、制度异质，从而决定了在事物成因的揭示上或者普适化范式的总结上必须考虑空间客观差异的存在[94]。这表明不同地区需要采用与其相匹配的发展模式才能使实现路径的探索与运用更加高效，故而需要从空间异质性视角下对生态产品价值实现的差异化路径进行研究。

我国地域辽阔，区域发展不均衡是我国面临的重要挑战之一，东、西部地区在自然、经济等方面呈现明显的差异，主要表现为环境异质[95]、资源供需错配[96]等。这决定了区域间发展潜力与发展方式势必呈现显著的差异性。因此，要分为东部、中西部地区来进行比较分析，寻找与空间具有一定适配度的生态产品价值实现路径，纾缓紧张的人地关系，推动区域经济发展，缩小区域经济发展差距，实现经济的可持续发展。

从表6-5中的路径组合可以看出，生态基础、政府治理、产业条件、外部资本、助力条件、经济能力6个要素通过不同组合发挥作用，促进了东部和中西部地区的生态产品价值实现。但东部地区和中西部地区的价值实现动力因素又有所不同。从路径m1、m2、m3、m4、m5中可以看出，在经济发展水平高的东部地区，核心影响因素中生态基础几乎出现在每条路径中，说明生态是东部地区生态产品价值实现的重要着眼点。具体来看，在m1生态基础*政府治理*外部资本*助力条件中，组合路径的原始覆盖度为36.661 4%，说明有36.661 4%的案例能够被该路径解释，大于该覆盖度的是m5加入产业协同后的组合，大于生态基础或政府治理不足的地区，说明在东部地区，生态基础良好的地区与政府治理、助力条件的组合作用效果更好，这是因为在东部地区经济能力和产业条件是固有优势，但生态基础相对薄弱，只有增强生态基础才能更好地推动生态产品建设。

表6-5 生态产品价值实现路径的区域异质性

影响因素	东部地区					中西部地区			
	m1	m2	m3	m4	m5	n1	n2	n3	n4
Env	●		●	●	●	●	⊗	●	●
Gov	●	●	⊗	⊗	●	⊗	⊗	●	●
Ins		●	●	●	●	●		⊗	●
Cap	●	●	●	●	●	●	●	●	●
Sup	●	●	●	●	●	●	●	●	●
Eco	⊗	⊗	●	●		●	⊗	●	⊗
一致性	1.000 00	1.000 00	0.982 771	1.000 00	1.000 00	1.000 00	0.994 681	0.993 338	1.000 00
原始覆盖度	0.366 614	0.299 228	0.303 576	0.271 419	0.357 919	0.196 818	0.0.350 187	0.279 213	0.232 397
唯一覆盖度	0.068 960	0.011 319	0.071 209	0.029 308	0.040 027	0.063 858	0.140 449	0.146 255	0.020 787
总体一致性	0.990 977					0.993 775			
总体覆盖度	0.584 51					0.597 945			

注：●表示边缘条件存在，⊗表示边缘条件不存在，●表示核心条件存在，⊗表示核心条件不存在。

对于中西部地区而言，从路径n1、n2、n3、n4中可以看出，外部资本是出现频次最高的核心变量，助力条件则是路径中出现频次最高的边缘变量，说明中西部地区在需要资金支持的同时，还需要加强品牌建设和平台搭建才能帮助生态产品更好地走出去。

6.6 本章小结

本章首先基于组态视角，以生态基础、政府治理、产业条件、外部资本、助力条件、经济能力为前因变量，以生态产品价值实现效率为结果变量，探究了生态产品价值实现的可能路径。然后采用调整一致性阈值、检验因果非对称性的方法，对结果的稳健性进行检验。最后考虑区域异质性对结果的影响，以东部、中西部进行区域分组，进一步探究不同地区生态产品价值实现的驱动路径。

7　农业生态产品价值实现多元主体协同机理分析

part 7

　　人力资源是产业生产中最重要、最活跃的构成要素。在生态产品价值实现的过程中，人起着主导的作用，人的能力和观念决定着生态资源能否被发现价值、能否转化成生态产品进入市场、成为生态产品后的品牌化发展及品牌树立后的发展方向和市场竞争力。生态产品本身作为一种生态资源存在，生态产品的价值到使用价值的转化，在很大程度上由人的主观能动性决定，生态产品从生产加工到流通过程中涉及多个主体，每一个主体都在不同程度上发挥着作用。

　　农业生态产品具有区域性、公共性、外部性等属性，有多个相关利益主体参与其中，如企业、政府、农民、合作社等经营主体。如图7-1所示，每个主体由于资源能力的差异性，在农业生态产品价值实现过程中扮演了不同的角色，为推进乡村全面振兴贡献自己的力量。

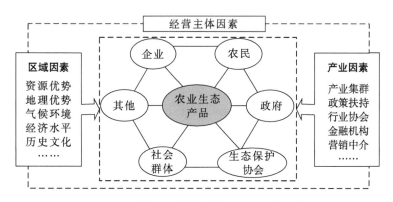

图7-1　农业生态产品价值实现生态系统

7.1 农业生态产品经营主体分析

生态产品因其公有共用的特性，吸引了多元化的参与者，包括企业、政府、农民、生态保护协会以及社会群体。这些主体各自凭借独特的优势与限制条件，在生态产品的开发与保护中均发挥着不可或缺的作用，构成了一个复杂而重要的参与网络。生态产品经营主体存在利益分歧，企业机会主义行为、资源整合力度和生态产品产权等因素制约了生态产品价值实现的有序推进，阻碍了区域生态资源优势向经济优势转变的进程。下文将分析生态产品价值实现过程中企业、政府、农民、生态保护协会以及社会群体之间的协同作用，剖析生态产品经营主体的行为选择与约束原因。

7.1.1 企业

企业是生态产品价值的"搬运工"。企业作为市场的经济主体，以营利为目的，只有在从事某项经济活动收益大于成本时，企业才会觉得该行动有价值，才会进行某种产品的生产或经营。相较于其他主体，企业具有资金雄厚、技术先进、人员充足、研发能力强，擅长利用市场机制经营生态产业等优势，通过对生态资源的深度加工和技术创新投入，旨在进一步挖掘产品价值，拓展生态产品的价值链长度，促使生态资源的潜在价值转化为实际使用价值，从而推动其价值的有效实现。然而，企业的"逐利性"往往导致其在追求经济利益时，忽视生态效益。在企业的视角中，承担社会责任可能并非首要考量，这导致企业存在一定的局限性，如过分追求短期经济利益的经济理性倾向、采取投机行为、缺乏以满足民众需求为导向的经营策略、对生态资源的过度开采利用，以及忽视对社会责任的承担等。

7.1.2 政府

政府是农业生态产品价值的"顶层设计者"。政府的作用主要体现在借助规章制度，自上而下地管理事务，大到生态环境，小到社区治理等，维护绝大多数人的共同利益。生态产品的有效性彰显于其在生态开发、建设及保护等方面的顶层规划与具体实践中。鉴于"公共产品"的非竞争性和非排他性消费特性，易诱发"搭便车"等不良行为，进而扰乱社会秩序并损害相关主体的权益。因此，人们倾向于借助政治主体及规则来应对这一问题。与企业的市场角色不同，政府不追求个体私利或短期的成本收益平衡，而是致力于维护市场公正，并在公共产品（服务）的分配上具备法定权威性。政府的介入有助于更好地实现公共产品的公平分配。依据信号传递理论，政府政策能够向社会传递重要信息，引发社会关注并促使企业调整战略，展现出强大的导向作用。此外，健全的规章制度为社会的有序运行提供了坚实的保障。对于农业生态产品而言，要在市场中稳健发展，离不开规范各经济主体行为的规章制度。然而，政府也存在管控力度不足、市场响应滞后、效率低下及容易引发寻租行为等问题。

7.1.3 农民

农民是农业生态产品价值提升的重要"推手"，作为农业领域的根基与守护者，他们对土地怀有深厚的情感，对农业发展充满热情，在长期实践中积累了宝贵的农业知识与经验，展现了其坚韧不拔、勤劳朴实的品质，这些劳动智慧根植于各种文化习俗中。然而，受限于自身认知，农民对农业生态产品的理解尚处于初级阶段，仍停留在传统农业的思维框架内，倾向于满足现状、追求小范围的经济自给自足，生产方式相对粗放。这可能会导致他们在面对生态文明时代的农业生态发展时，产生一定的抵触情绪。此外，农民在文化、科技及经营管理方面的素养也有待提高，多数人对新技术的学习与掌握能力有限，缺乏团队合作精神，难以有效运用科学管理手段，市场意识薄弱，难以适应农业现代化生产与转型的需求。当前，由于农业生产带来的经济收益远低于外出务工，出于经济考量，务农人口大幅减少。

7.1.4 生态保护协会

生态保护协会是由志愿者自发组成的、成员构成多元的非营利性、专业性团体，致力于促进生态的可持续发展与保护事业的繁荣。协会能主动策划并执行相关活动，致力于维护清澈的水源与蔚蓝的天空。其主要职能包括举办专业的学术会议、动员人员开展调研，以及向公众普及生态保护知识。但由于是非营利组织，其缺乏必要的资金和技术等，难以有效开展某些活动。社会大众是生态产品价值的"受益者"，他们来自社会的各个角落，对生态重要性的认识程度各异，可能存在责任心不足、参与度有限以及过分追求个人利益的问题。

7.1.5 消费者

消费者是生态产品价值的最终"评判者"。生态产品价值实现涉及生产、分配、交换、消费4大流通环节，消费环节是价值实现的最后一环。消费者的市场地位以技术进步为分界线，经历了从被动到主动的市场地位转变过程。目前，企业的发展以消费者为中心，更加注重对消费者的行为、动机、理念等方面的研究。消费者凭借强大的购买欲望与购买能力在一定程度上决定了企业的发展方向。但是，消费者有盲目从众心理，容易陷入不良的消费误区，由于消费者群体庞大，涉及多个领域，缺乏较为强烈的社会责任意识，对绿色消费理念有不同程度的认识，无法形成较为健康绿色、覆盖范围广的价值导向，不能有效地推动生态产品的市场发展。

此外，区域内高校及科研机构为生态产品的价值形成输送了专业的人才和先进的技术，这些资源为生态产品的发展提供理论支持，在提高生态产品的科技含量、质量水平以及标准化程度等方面发挥着重要作用。随着跨机构之间的合作加强，产学研结合的融合式发展也随之产生，这对实现生态产品价值意义重大。然而，在结合过程中，存在单一化、短期行为、松散粗放等问题，而且不同主体之间尚未形成协调合理的利益分配机制，从而制约了产学研结合的健康发展。

7.2 农业生态产品价值实现协同机理分析

7.2.1 价值实现的理论基础

根据马克思主义理论，商品是由劳动创造并用于交换的物品，兼具使用价值和价值两大特性。商品的生产过程实质上是双重价值的生成过程，交换过程则涉及使用价值的转移和价值的实现。生态产品，作为一类特殊的产品或商品，同样是人类劳动与自然生态相互作用下形成的，集使用价值与价值于一体。其经济价值源自人类劳动的投入，同时生态产品还承载着生态保护、社会福祉增进及文化传承等多重非经济价值，这些价值共同构成了生态产品的综合价值体系。在传统的发展阶段，特别是在工业化初期至中期，随着城市化的迅猛推进，如钢铁、建材、化工、能源等传统产业迅速扩张，这一过程往往伴随资源、能源的大量消耗，进而对生态环境造成巨大的压力与破坏，导致生态与环境的不断恶化。

从劳动价值理论的角度来看，生态产品的使用价值源于人类劳动在自然资源向生态产品转变过程中的投入。人类劳动的投入体现在两个方面：一方面作为生产要素参与其中，另一方面以对生态系统保护的方式呈现。为满足人们的物质和精神需求，人们对自然资源进行了不同程度的加工，使其具备了使用价值，从而变成了可供使用的生态产品。生态产品不断增值的源泉在于生态系统的稳定性，因此，一系列保护、修复生态环境的举措，如防风固沙、修复矿坑等行为，也是生态产品存在经济价值的体现。因此，无论是生态产品生产过程中付出的劳动，还是从源头上对自然环境的治理与保护所付出的劳动，都表明了生态产品的经济价值。

另外，从效用价值理论的角度来看，产品因为其稀缺而产生价值。对于生态产品而言，生态产品因为其稀缺而具有经济价值。该理论认为，商品的价值大小由其满足的效用程度而决定。随着人口的增长、经济的快速发展，生态环境所产生的压力增大，人们对产品的质量、环境条件提出了更高的要求。在供需矛盾不断加深的情况下，生态产品的稀缺性得以凸显，从而增大了生态产品的边际效用，表明了生态产品是有经济价值的。

7.2.2 价值实现协同机理分析

步入新的发展阶段，为顺应工业化中后期的发展需求，我们必须秉持"绿水青山就是金山银山"的核心理念，更加聚焦于生态文明建设与绿色低碳发展的重要性。2018年5月，习近平总书记在全国生态环境保护大会上强调，加快建立健全以产业生态化和生态产业化为主体的生态经济体系。一方面，通过三大产业融合，推动生态产业化发展；另一方面，通过新技术的应用，实现生产全过程的节能减排，促进产业绿色发展。绿水青山不仅是人类社会不可或缺的珍贵自然资源，蕴含巨大的经济潜能，也是重要的社会资产，为经济社会的持续进步提供社会、文化、生态等多个方面的综合效益。生态产品价值的实现是落实"两山"理论的关键支撑和实践路径，对推动生态文明建设与绿色低碳发展具有深远意义。在新时代背景下，实现生态产品价值需要借助政府引导或市场机制，将其服务价值与文化价值的正面外部效应转化为内部效益（金铂皓等，2021）。生态产品价值的实现需要坚持"两山"理念，调动多个利益主体的积极性，将经济与生态贯通发展，推动产业革新、生态创新，进而在全社会形成绿色健康的生态文明风尚。

（1）生态产业化

在生态产品价值实现的过程中，通过人类劳动，将生态资源与人类需求相结合，创造了巨大的经济效益、社会效益和生态效益（郭兆晖和徐晓婧，2021）。在新发展阶段，致力于生态与经济的和谐共生是生态产品价值实现的关键。我们应坚守"绿水青山就是金山银山"的核心理念，通过高效的发展机制和创新政策工具，推动生态与产业的深度融合发展，为人类社会的经济进步提供更多诸如清新空气、清洁水源、安全土壤等调节服务类的生态产品，从而在确保生态环境保护的同时，实现经济的高质量增长，达到生态与经济双赢的理想状态。

　　长期以来，生态滞后于经济发展，经济发展速度过快，生态建设跟不上，虽然获得了短期效益，但从长远来看，损害了人类发展的可持续性。生态产业化本身就是产业协同赋能生态资源发展的过程，二者相互融合、相互约束。以黑龙江省为例，黑龙江省有丰富多样的生态资源、森林资源、冰雪资源、水资源等。第一，通过生态资源与第一产业的融合，形成生态农业，提升了农产品的品质，推动了农业的高质量发展。结合本地实际，形成具有地域特色的生态农业产品，如稻花香大米、伊春大豆等。第二，生态资源与第二产业相结合，延长生态产品产业链条，使得生态产品以更加多样的形态呈现，如林木加工等，从而推动生态产品的价值实现。第三，生态资源与第三产业相结合，通过与文化、旅游相结合，创造更多的美学价值、文化价值、社会价值，增进人与自然的交流和融合，增强人在生态中的获得感与满足感，如特色小镇、民宿体验、雪乡、扎龙湿地等生态旅游与服务。

　　（2）产业生态化

　　产业生态化是指通过节能减排的方式提高产业中的"含绿量"，大力发展绿色低碳产业，提升资源的产出效果，实现污染"零排放"，从而提高产业发展的质量。生态产品价值的实现，作为"绿水青山就是金山银山"理念的实践核心，是打破传统经济增长模式与环境污染恶性循环的关键举措。它旨在将生态保护所带来的正面效益由外部效应转化为内部收益，同时确保生态保护的成本被合理内化，以此推动产业向更高质量的发展阶段迈进。这一过程不仅成为促进经济与环境保护相分离的新动力，还持续推动国家治理体系的完善与治理能力的提升，使其迈上一个崭新的台阶。

　　生态化、绿色化的基本特征决定了产业生态化大致有3条实现路径（谷树忠，2020）：第一，资源减量。不仅包括资源使用总量的减少，同时包括提升资源的利用效率。二者的实现与企业的生产水平息息相关，对于企业来说，要加大科技投入，通过技术上的提升使企业的资源投入结构更加优化，资源的利用更加高效。第二，环境减排。包括污水减排和再利用。通过更新设备减少污水的生产以及引进污水净化技术，减少对污水废水的排放，同时加大技术投入，提升物质的再循环与可利用能力。黑龙江省发布多项政策推进污水治理行动，已经取得了一定成效。第三，生态减占。一方面，加强重点保护区建设，严守生态红线，对各种违规行为进行严厉惩罚。另一方面，加强产业规划和开发过程中的生态效应评估与规制，合理评估生态足迹，对耕地、森林、草地、河湖、湿地等生态系统和生态空间等进行合理、科学、有规划的使用。通过产业生态化推动区域产业结构升级，产业发展质量得以提升，增强了产业发展的可持续性，获得了良好的社会效益。

农业生态产品价值实现协同机理模型如图7-2所示。

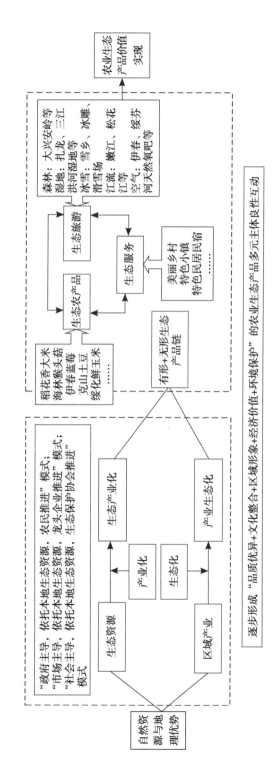

图 7-2　农业生态产品价值实现协同机理模型

7.3 农业生态产品区域品牌形成机理分析

7.3.1 区域品牌形成的影响因素分析

从营销角度来看，农业生态产品区域品牌以农产品作为发展基础，对自然环境有较强的敏感性，不仅受自然地理环境的影响、也受社会经济因素的影响。通过前文有关文献的回顾，本节主要从区域优势、产业优势、政府扶持作用及经营管理优势4大视角进行影响因素分析。

（1）区域优势

①地理环境。

优越的生态资源条件是形成农产品的初始原因之一，从地理学角度来看，生态环境中的土地、气候、水源等影响因素成就了一个地区生态资源的独特魅力，正所谓"橘生淮南则为橘，生于淮北则为枳"。由于生态资源的分布具有非均衡性，因此某种优势生态资源的聚集往往主导区域产业布局和其发展方向，构成其特有的竞争力。如果脱离了地区特定的自然要素，农产品的市场认知度、价值就会受到严重影响。对于经济条件不太发达的区域，由于社会系统对自然系统的干涉比较少，因此自然资源对农产品的种类、品质及数量具有较大的影响。从资源禀赋角度来看，良好的生态资源条件是地区发展农产品区域品牌的必要条件。农业发展对自然资源和生态环境有较强的依赖性，特定的自然资源环境赋予了农产品独特的品质。产地因素是无法替代的决定因素，直接决定了农产品的品质好坏，农产品区域品牌化发展呈现明显的集聚特征，我国在东中西部的农产品品牌分布上，有明显的差距（费威和杜晓镇，2020）。良好的生态空间赋予农产品的原产地绿色无污染的生态标签，增加了产品质量的可行度与市场好感度，保护好生态环境、加强生态资源建设是一个地区发展生态农产品的基础。

②文化价值。

文化为农产品区域品牌建设提供了丰富的内涵，文化价值构成了农产品区域品牌价值的重要增值部分，也成为品牌营销时的重要卖点和着力点。随着人们生活水平等诸多物质条件的进步人们对消费品有了更多的情感寄托，农产品的价值属性不断得到拓展，其中一项重要的价值就是文化价值，在农产品区域品牌建设过程中注入、增强文化内涵是提升农产品区域品牌竞争力的重要方式。博大精深的中华文化散落在中国的每一寸土地上，五千年的中华文明使我国很多地区具有厚重的历史文化氛围，这一客观条件为众多农产品的挖掘与价值实现提供了丰富的养分。在历史长河中，以产品为依托，形成了灿烂的文化和奇特的故事传说，潜移默化中影响着当地人的行为方式，逐渐演化为一种地域特色，也成为产品后续发展的内在动力和活力源泉。产品所承载的文化寄托很容易引起人们的共鸣，进而成为当下品牌建设的重要锚点之一。

（2）产业优势

①产业集群。

农业产业集群是农产品区域品牌形成的基础，能将区域内的要素优势转化为市场竞争优势（高建军和张瞳光，2014），在特定区域内，立足于特有资源和文化优势，围绕某一产业进行发展，当企业不断聚集构成产业集群时，企业将获得巨大的发展优势。产业因素涉及区域产业链的各个方面，包括产业链上的中小企业、龙头企业、产业集群的规模与发展情况等。产业集群使企业在地理位置上具有更大的集中度，也使企业在产品深度、广度上具备更多的发展优势。尤其是当与技术性企业有交互关系时，由于知识外溢，相较于其他企业，近距离的企业会有更多的发展机会。当产业集群规模足够大，在市场上具有较大的话语权时，配套的企业就会获得成本上的优势；配套的中小企业群体一方面是为龙头企业服务的，另一方面是为区域产业提供技术和差异化的供给。因此，区位产业决定着区域产业类别的选择，影响产品的规模布局、专业化建设水平，从而影响区域农产品竞争力的大小，区域产业的整体实力水平越强，意味着农产品区域品牌的发展潜力越大。

②龙头企业。

龙头企业是农产品重要的生产者和销售者，也是区域品牌发展的领头羊。龙头企业具有汇集优势资源的能力，其发展规模大、技术含量高的优势，能够扩大区域品牌的影响力。龙头企业规模越大，实力越强，表明龙头企业越有发展能力，会有更大的吸引力，越有利于推动区域品牌的形成。龙头企业在同行中、在市场竞争中拥有独特优势。在一家或多家龙头企业的带动下，供应类企业、产品生产和销售类企业等相关企业在区域内集聚，使得该区域成为某类农产品的主要供应地，随着区域的影响范围和知名度的逐步扩大，在市场上与其他同类产品相比具有一定的识别性，从而推动了农产品区域品牌的形成。龙头企业的存在，对引领农产品区域品牌发展、带动中小企业的进步有着十分重大的意义。

（3）政府扶持作用

①重点支持。

农产品区域品牌建设是一项涉及多方利益主体、关联多种资源要素的复杂工程，其成效会受很多因素的影响，在不同的发展时期需要政府给予不同程度的支持，在不同的发展区域需要实施更加有针对性的政策。同时，农产品区域品牌具有公共属性，势必产生主体利益分配公平问题，政府在调和不同主体间利益纷争时具有不可替代的作用。政府主要是以颁布法律法规、政策、制定发展规划、提供服务指导、监督、营销推广的方式参与市场经济，并对其他主体产生影响。政府政策的发布，向市场释放了强烈的信号，为企业提供了发展指引与支持。政府的监督帮助企业规范行为，推动市场的公平有序运行，优化企业的发展环境。

②媒体。

大众媒体是农产品区域品牌信息传播的重要渠道，是品牌进行宣传和推广的重要方式。特别是在农产品区域品牌的形成阶段，需要新闻媒体的宣传以扩大区域品牌的知名度和影响力，进而在社会上获得更为广泛的传播度。通过政府介入，借用媒体的力量，用专业化的方式对农产品区域品牌进行系统有效的普及与推广，在社会上树立一个良好的区域品牌形象，为农产品区域品牌更大规模地进入市场打下了基础。

（4）经营管理优势

①品牌建设。

品牌对产品的长期稳定发展意义重大。品牌建设是一项重视长期利益而非短期绩效的事项，往往需要与专业的第三方展开合作，在企业支出上占比较大。企业品牌归企业所有并使用，不允许他人使用。而农产品区域品牌，属于公共财产，因资金投入量大，多数个体缺乏品牌意识，支付意愿较低。在区域品牌形成初期，因其经济效益具有滞后性的特点，足够的资金投入至关重要。对于生态产品而言，其品牌建设十分重要。一方面，从生态产品种类来看，生态产品具有公共性、经营性和准公共性之分，不同类型的农产品所面临的品牌建设情况不同。另一方面，从农产品的生命周期来看，农产品的成熟发展期是品牌建设的关键环节，如何做好营销、品质守护等是关系生态产品获得市场知名度和口碑的重要问题。

②科学技术。

技术因素是影响农产品活力与竞争力的关键因素。先进的技术通过改进工艺生产流程优化生产成本，生态资源利用得到更加合理化的配置，极大地提升了生产效率，减少了能源消耗。在农业发展领域，农产品的成本一直是影响农业发展的重大因素，科学技术通过提升农业的机械化水平、提升农业资源的利用效率、培育优良品种促进农业的生产结构不断优化。随着科学技术的发展，农产品可以突破时空的限制，在生产结构上获得优化、在分销渠道上变得更加丰富多样、在产品功能与价值上获得更大的突破，从而在市场上获得更大的竞争优势。从长远来看，技术的发展推动产业革新，更加有利于推动生态和经济的健康可持续性。

综上所述，农产品区域品牌建设是一项复杂的系统工程，离不开各种因素的支持。特色资源是基础，文化为其注入了生命力，并在各利益相关者的推动下，地方特色农产品知名度日益提高，逐渐成为被市场接受的区域品牌农产品。在这个过程中，企业的专业化运作、政府的监督与支持、媒体的努力等都是必不可少的，这些因素在复杂的环境中受市场作用，通过内在的协同配合，以一种自组织的方式聚合并趋于稳定，实现从无序状态到有序状态的转变，共同推动农产品区域品牌的形成与可持续发展。

7.3.2 区域品牌形成机理

农业生态产品区域品牌建设是一个系统工程，它是区域内诸多要素综合作用的结果，现有学者从不同角度对其形成机理进行了研究，探索其内在的形成规律。自然资源优势和社会资源特色构成了产品优势与市场优势，推动主导产业的形成和集聚，从而带动农产品区域品牌的形成（邵建平和任华亮，2008）。通过对相关研究的梳理，本章认为，农产品区域品牌形成经历了"产品—产业—区域经济"这样一个从小到大的发展历程。其中，产品是区域品牌建设的载体、产业是支撑、经济发展是目标，并且三者层层递进、互相促进。新结构经济学认为，在经济发展的过程中，要素禀赋和制度等因素应当共同发挥作用，经济体的要素禀赋及其结构决定着经济发展，产业、技术制度等结构内生于要素禀赋结构（熊爱华和邢夏子，2017）。对于农业生态产品而言，区域品牌的形成与自然资源、人文历史资源、产业集聚水平、技术投入水平、经济发展水平、政府支持水平息息相关，其形成机理如图7-3所示。

（1）区域品牌形成的第一阶段

对于农业自身发展而言，其对自然环境具有一定的要求，根据资源基础理论，地域特性、气候条件、土壤类型及水资源质量等自然资源的优劣，对农产品的产量、质量（单军等，2016）及生产成本（张月莉等，2015）具有深远影响，被视为构建农产品区域公用品牌的基石与核心驱动力（俞燕和李艳军，2015）。一方面，区域内优质的自然资源为农产品提供了理想的生长环境，经过长期实践，逐步培育出具有地域特色的优势品种，进而形成产品质量优势与主导产业，为农产品区域品牌的成长奠定坚实的基础。另一方面，独特的自然资源为公用品牌赋予了鲜明的区域品牌形象（王兴元和朱强，

2017），提升了品牌在消费者心中的辨识度与知名度，使其在市场上独树一帜
（Marion et al., 2015），通过品牌价值创造与传递，共同推动了农产品区域品
牌的发展。

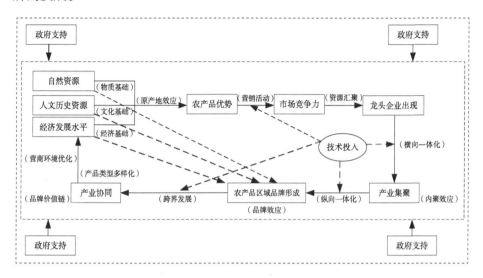

图7-3 农业生态产品区域品牌形成机理分析

此外，丰富的文化底蕴为农产品区域品牌的构建增添了无限可能（李
静，2016）。一方面，部分地理标志品牌的诞生，是区域内深厚历史文化积淀
的产物。在长期的生产加工过程中，形成了独特的生产技艺与制作工艺，同
时当地传统文化被巧妙地融入农产品的发展中，成为区域文化的载体，形成
文化认同（赵卫宏等，2015），推动农产品区域公用品牌的形成与品牌效应的
发挥。另一方面，区域文化的创新性是农产品区域公用品牌的重要支撑，深入
挖掘与创新运用区域历史文化、民俗文化资源，能够打造品牌的独特性与核心
竞争力，构建品牌识别体系，为品牌建设增添光彩（刘艳蓉和宋建坤，2017）。

自然资源与人文历史资源共同为农产品区域品牌建设提供独特的发展优
势，借助原产地效应，形成市场竞争力。在龙头企业与相关产业的协同作用
下，促进了产业集群的形成。产业集群不仅是经济空间结构演变的体现，也
是提升产业结构的关键组织特征，是企业通过区域聚集实现规模经济的一种

发展模式（吴菊安，2009）。农产品集群的实力、规模及特点，对农产品区域品牌的成长起着决定性作用（商世民，2016）。产业集群效应、可以共享的区域资源，使各种资源的利用效率以及溢出效应得以凸显，从而为产业区域品牌发展带来规模经济和范围经济，直接影响区域品牌的发展（何中兵等，2018）。

（2）区域品牌形成的第二阶段

农产品区域品牌形成以后，通过品牌效应吸引更多具有共性和互补性的企业、产业集聚，使得农产品区域品牌实现跨界发展，从而形成品牌经济链。产业的协同发展，不仅创造出更加丰富多样的产品类型，也会极大地改善区域的营商环境，提升区域的经济发展水平。在新的发展时期，为了增强农产品的竞争力，需要在多个环节进行技术创新。一方面，随着农业现代化的发展，农业发展越来越重视产品质量的优劣和产出效益，二者的实现离不开先进的技术投入，先进的技术是产品降本增效的必经之路，没有先进的技术，产品无法在激烈的竞争中脱颖而出。另一方面，产业集群中众多企业相互作用与影响，其溢出效应使集群整体价值明显大于单个企业价值的累计，企业间相互竞争与合作推动企业的技术创新和管理变革，提高企业的创造力和竞争力，促进农产品区域品牌价值的不断提升和品牌影响力的不断扩大。

在第一阶段以及可持续发展的过程中，政府无时无刻不在发挥着十分重要的作用。政府扶持是驱动区域品牌发展的核心力量（熊爱华等，2017）。一方面，从市场机制的角度审视，相较于企业品牌和产品品牌，区域品牌因其公共性质，难以单纯依赖市场机制实现资源的高效与优化配置。鉴于此，政府的介入显得尤为重要，它能够通过战略规划、建设引导以及政策扶持等手段，为农产品区域品牌的培育与发展提供强有力的支撑（何燕子，2013）。在此过程中，地方政府的主观偏好与政策导向对区域品牌的发展路径、速度及整体水平有显著的导向与塑造作用。相较于其他行业，农业具有投资量大、回收期长的特点，农产品的价格受自然条件的影响明显，成本控制困难，收益不确定（黄蕾，2009），政府的支持在一定程度上可以降低农业的经营风险，进行资源倾斜，提供更多的农业发展机会。罗高峰（2010）认为，在农产品品牌整合中，政府要对区域品牌进行严格监管，充分发挥倡导者、规划者、扶持者、服务者、管理者的作用，使资源配置更加合理化。另一方面，从主体关系视角来看，政府可以引导行业协会与企业进行区域公用品牌建设，形成广泛的品牌效应（王军和李鑫，2014；雷亮，2015）。地方政府对国家乡村振兴政策的推进能力越强，越能调动相关主体投身品牌建设的积极性，使农产品区域品牌价值共创的效果越好，如李道和等（2020）通过实证分析发现，政府行为中总体规划、服务指导能够显著提升农产品区域品牌的发展绩效。

地区经济发展水平既是农产品区域品牌建设的经济基础，又是农产品区域品牌建设的目标。从区域经济理论来看，区域经济发展是不均衡的，在地区的基础设施建设、产业结构上会表现出明显的差异，尤其是在所获得的资源方面，区域经济发展水平的高低决定了农产品区域品牌发展的强弱，随着区域经济发展水平的提升，农产品区域品牌的发展势能得以增强。

7.4 多元主体协同视角下农业生态产品价值协同演化路径分析

农业生态产品追求的是一种可持续的发展状态，经历价值形成、价值创造、价值传递、价值实现到价值不断增值的渐进成长的过程。农业生态产品是经济属性与生态属性的统一体，是一个涉及多方利益的系统工程，处理好各个利益主体之间的关系，使其齐心协力投入农业生态产品建设中去，是实现生态产品价值的关键所在，图7-4是对农业生态产品所涉及的价值实现路径规划，孕育期、幼稚期、成长期、成熟期、稳定发展期5大阶段彼此关联，每个阶段的特殊性决定了所需利益主体角色的差异性。本节将结合农业生态产品所处的不同生命周期，研究多元主体对生态产品价值实现的协同演化路径。

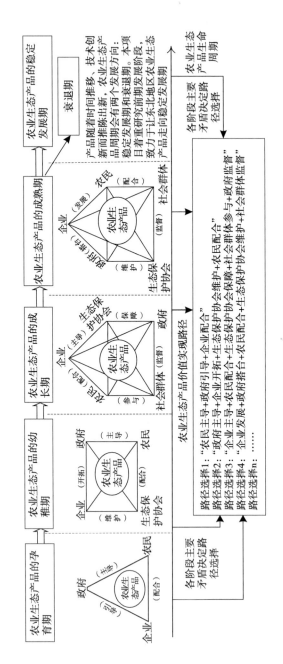

图7-4 多元主体协同视角下农业生态产品价值协同演化路径

7.4.1 孕育期——农民主导，企业配合，政府引导

孕育期是农业生态产品的起点，也是农业生态产品形成的初级阶段，还是一个价值寻找的过程。在农业生态系统中，存在种类丰富且形态多样的农业生态资源要素，在未被人们挖掘之前，由于不能满足人们的物质、文化、社会等需求，尚不具有使用价值。而使用价值作为价值的基础，只有农业生态产品有了满足人们某种需求的使用价值以后，经过一系列的"资源化"过程，农业生态产品才会拥有价值。因此，这一时期，围绕着生态资源的价值进行探索，找出其对人类价值的满足点，从而发现其价值的存在。

农民、合作社等作为农业生态系统中与农业生态资源关系最为密切的主体，对尚未在市场上出现的生态产品的功能属性有着更加丰富的认知，因此农民在这一时期应处于主导地位。由于在某个生态环境的长期生存，一些生态资源凭借农民的劳动智慧，变成当地农民的习惯甚至是习俗、文化的一部分，在农民的生活中扮演着十分重要的角色。当然，还有一些尚未挖掘的存在，农民可以根据上一代人留下的记忆以及本土文化，找寻生态资源的实用性。此外，还可以从一些历史资料上找寻生态资源的价值。政府在这个过程中积极发挥引导作用，需要采取一些激励措施，为农民提供发展方向，使农民意识到农业生态产品的价值以及其自身与农业生态产品之间的联系，调动农民发展的积极性，使各种生态资源"活起来"，为后续开发打下基础。企业要积极配合政府工作，为农民的生态产品价值挖掘活动提供相关的技术、资金支持，帮助农民科学勘测生态资源，运用先进的工具进行价值分析，减少对生态资源的破坏。

7.4.2 幼稚期——政府主导，企业开拓，生态保护协会维护，农民配合

在这一时期，农业生态产品的价值已经被发掘，但是由于知名度较低，仅依靠农民的力量是远远不够的，需要借助政府的力量打开传播度。因此，这一时期，政府应该居于主导地位，可以通过媒体等各种媒介进行报道，增

加农业生态产品在社会群众中的关注度；组织专门的人员深入生态环境中去，对农业生态资源价值进行科学的研究，同时邀请一些企业、消费者进行实地体验，增进对农业生态产品的了解，扩大知名度。生态环境保护协会应利用社会资源扩大农业生态产品的影响力，举行研讨会，进行专门的调研，以及科学和理论研究，使更多的人参与进来，聆听不同的声音。在农业建设中，农民、合作社等新型经营主体作为重要力量，由于自身所具有的局限性，对生态价值的认识尚处于较低水平，未能充分认识到生态与经济的兼容性，导致了一些对农业生态资源的破坏行为，打破了农业生态系统中的固有平衡。这一时期，需要政府对其加强宣传教育，提升社会营销意识，减轻其思想障碍，使其意识到生态保护与经济发展的统一性，加快其在农业生态建设中的适应力，从而更好地配合生态经济的发展。

7.4.3 成长期——企业主导，农民配合，生态保护协会保障，社会群体参与，政府监督

当农业生态产品有了一定的知名度后，就需要着手准备进入市场，农业生态产品只有在市场中才能实现其价值，这就需要借助专门的企业去行动，企业在这一时期成为农业生态产品的主导力量，特别是农业龙头企业，通过专业化的生产加工，提高对价值的创造力。政府要做好企业与农民之间的"中间人"，建立生态产品交易中心，招标选取符合资质的企业，处理好农民与企业的关系，促进农业产品供需双方有效对接。企业要加大科技投入，通过先进的技术对农业生态产品进行精深加工，拓展农业生态产品的价值链，使其满足在市场上流通的能力。但由于农业生态产品具有投资大、回收期长，要有足够的资金、人员支撑。因此，需要政府出台相关的优惠政策，加强绿色信贷的支持力度，向各行各业释放信号，推进生态产业化龙头企业建设，形成良好的社会风尚，进而促进生态市场的形成。同时，通过产学研相结合，加强农业生态产品的价值核算，为产品进入市场做准备。此外，将更多的农民组织起来，加强培训，帮助其掌握新技能、新方法，使其更好地适应农业

的转型发展，共享发展成果。生态环境保护协会要加大对农业生态产品等相关领域的研究，有关的学者、专家从农业生态产品的价值、困境、实现路径等角度积极展开研讨，形成一系列的科研项目，为农业生态产品的市场化提供科学合理的生态理论指导。

7.4.4 成熟期——企业发展，政府搭台，农民配合，生态保护协会维护，社会群体监督

这一时期农业生态产品已经具备走向市场的条件，为稳固和提升市场竞争地位，需要政府搭台，同时借助更多的市场化力量在相关方面发挥积极作用。随着互联网技术的发展，一些平台拥有大规模的用户、渠道优势，在市场中有很强的销售能力。企业可以借助这些平台，在政府的助农政策帮助下，建设专门的农业生态产品窗口，将农业生态产品以更加便捷、高效的方式推向市场，实现价值传递。此外，要注意产品的需求与设计，通过数字化技术，对市场需求进行更加有针对性的分析，划分多个类型满足客户需求，同时企业要给产品进行品牌包装，让产品产生附加值，提高产品对外的形象认知度与传播速度。互联网拉近了产品与消费者的距离，但如果品质不好，产品也会迅速被市场淘汰。因此，企业要脚踏实地，推进农业生态产品的全生产过程的数字化，狠抓品质，加强对环境的风险预测，建立生态产品追溯机制。政府要减少对企业经营决策的干预，转变成一个平台型和服务型政府，提供更多的支持，如举办助农博览会，让农业生态产品走出中国、走向世界，扩大农业生态产品的影响力。这一时期，更要注意生态产品的产权问题，生态环境保护协会要积极献言献策，提供有效的理论依据，帮助政府不断完善相关机制，协调好多个利益主体之间的关系，减少因为利益分配而带来的纠纷问题，从而降低生态产品市场的交易成本和组织制度成本。社会群众要广泛参与进来，加强生态文明意识，增加更多绿色的行为，支持农业生态产品的发展。

7.4.5 稳定发展期——多方协同助力农业生态产品价值增值

当农业生态产品在市场上发展一段时间后，收益率趋于稳定，增长空间也就缩小了，为实现价值增值，深化农业供给侧结构改革，就要充分挖掘农业生态产品的多功能性，扩大价值实现视野，构建农业生态产品绿色创新价值链（李晓燕等，2020）。追溯到农业生态产品的原生地，从自然中寻找其价值增值点，农业生态产品具有涵养水源、守护生态等功能，因此，可以结合当地环境进行开发，运用生态产品发展生态经济，依托自然、文化等本底条件，推进文农旅深度融合。打造有特色的农业生态产品区域品牌，提升生态产品议价，加强生态产品认证，增强对生态产品的保护。同时，不断优化农业生态产品价值实现链条，促进第一产业、第二产业、第三产业深度融合，推进三产融合发展示范园建设，进而提高自然优势向经济优势的转化能力，增值自然资本，走生态产业化道路，推动农业的高质量发展。

在发展的同时，不能忘记对生态产品栖息地的保护，政府要深化生态环境监测体系改革，实现上下统一，为生态产品价值实现提供全面、准确、及时的数据支撑，守护好生态产品的发展根基，让良好的生态环境成为推动经济高质量发展的有力支撑，同时建立健全生态产品认证体系和生态产品信用体系，为生态产品健康发展建设一个良好的成长空间。生态保护协会要定期开展农业生态产品信息普查，摸清各类生态产品的数量、质量等基本信息，形成农业生态产品目录清单，来反映不同地区的生态供给能力，使政府了解农业生态产品供给和各种生态要素的状态。生态保护与所有人息息相关，除生态保护协会以外，社会公众也要积极参与进来，形成广泛的社会共识，扮演好自己消费者、监督者的双重身份，对存在的问题及时向有关部门进行反映，推动市场健康发展。坚持"保护者受益、使用者付费、破坏者赔偿"的原则，让大家真正意识到"绿水青山就是金山银山"，看到生态中所蕴藏的巨大经济价值，重视生态建设的每一个环节，保护好农业发展环境，进而提高农业生态产品市场供给能力的稳定性和持续性。

7.5　本章小结

　　本章分析了农业生态产品多元经营主体，包括企业、政府、农民、生态保护协会、消费者等，从生态产业化和产业生态化角度构建了农业生态产品价值实现协同机理模型，并从区域品牌建设角度分析了农业生态产品区域品牌建设形成的影响因素和形成机理，在此基础上从多元主体协同视角分析了农业生态产品价值的演化路径，分别是孕育期——农民主导，企业配合，政府引导；幼稚期——政府主导，企业开拓，生态保护协会维护，农民配合；成长期——企业主导，农民配合，生态保护协会保障，社会群体参与，政府监督；成熟期——企业发展，政府搭台，农民配合，生态保护协会维护，社会群体监督；稳定发展期——多方协同助力农业生态产品价值增值。

8 农业生态产品区域品牌价值
实现的组态分析与经验借鉴
——以果品类生态产品为例

part 8

根据上述章节，农产品区域品牌价值实现受多种因素的影响，每种因素都在农产品区域品牌的形成过程中发挥着不同程度的作用，使得农产品区域品牌建设在市场中呈现较大的差异。因此，本章以果品类生态产品为例，试图探究不同水平下的农产品区域品牌价值实现有什么独特之处，背后的逻辑又是什么，哪些变量起到了至关重要的作用。

8.1 研究设计

8.1.1 理论模型构建

农产品区域品牌的孕育根植于当地的资源特色之中。品牌对资源特色的敏感度（熊爱华，2017），是其能够作为消费者信赖的有效市场标识的前提。这里的资源特色，不仅涵盖区域内独有的自然资源、特色农作物资源，还蕴含丰富的人文历史资源。自然资源的独特性，如地理环境、气候条件等，与特色农业资源相结合，共同塑造了农产品区域品牌的独特品质；而人文历史资源则为品牌增添了深厚的文化底蕴，为品牌文化的构建提供了丰富的素材。值得注意的是，区域的资源特色虽构成了一种潜在的竞争优势，但只有通过农产品区域品牌的精心培育与发展，这种潜在的优势才能转化为实际的经济优势，成为品牌竞争力的关键源泉之一（姚春玲等，2014）。

农产品区域品牌的强化与提升，在很大程度上得益于政府、技术与传播支持力度的加大，以及自然资源的优化利用，这些因素共同促进了农业的绿色可持续发展（李大垒等，2023）。政府在产业蓝图规划、政策导向及资金援助方面展现出独特的制度优势与体制效能，而政府推广机构与科研机构的

143

紧密合作，则是推动区域公用品牌技术创新的核心驱动力（黄锋等，2023）。优质的产品质量是农产品区域品牌建设的基石，它确保了品牌信誉与市场认可（卢宏亮等，2020）。在品牌传播的过程中，将区域文化的独特性与精神特质转化为符号化表达，实现物质资源与品牌文化的深度融合，是提升品牌影响力的关键所在。农产品区域品牌是一个多维度、多要素的综合体，其竞争力的塑造受多种因素的共同作用，这些因素既可能促进也可能制约区域农产品的市场竞争力。因此，提升农产品区域品牌的竞争力并非单一因素所能达成的，而是一个系统工程，需要综合考虑并协调多元影响因素（韩丽娜，2019）。因此，本章结合资源禀赋理论、品牌营销理论等，选择地区资源禀赋、政府支持力度、营销策略水平、技术发展水平、经济发展水平、产品质量水平作为研究变量，并基于组态视角，提出本章的研究模型，如图8-1所示。

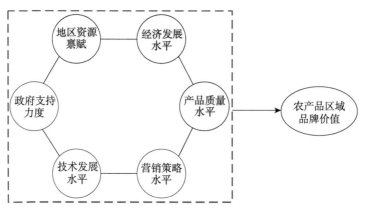

图8-1　农业生态产品区域品牌价值实现模型

　　基于以上分析，本章从多个层面出发，借鉴社会学、管理学等交叉学科理论，研究经济发展水平、地区资源禀赋、政府支持力度、技术发展水平、产品质量水平、营销策略水平与农产品区域品牌价值之间的作用关系及其机理机制。此外，为更加准确地描述农产品区域品牌价值的形成，在研究中运用了模糊定性比较分析（fsQCA）方法进行研究，聚焦于"组态效应"分析，将区域经济发展水平、地区资源禀赋条件、政府支持力度、技术发展水平、产品质量水平、营销策略水平纳入同一个分析框架，探究其之间的内在关联，回答因果关系的非对称性问题，即导致品牌价值高低的原因并不是一样的，且达到高水平的品牌价值的路径也是多种多样的，从而使企业等相关利益主体能够更加契合实际地采取手段提升品牌竞争能力。

8.1.2　案例选择与变量

（1）案例选择与数据来源

我国的水果行业在国民经济中一直占有举足轻重的地位，在助农增收、推动经济发展等方面发挥着十分重要的作用。随着我国经济朝着高质量的方向发展，农产品区域品牌迎来新的发展与契机。鉴于数据的可得性与可靠性，本章选择2021年发布的果品区域品牌，以苹果区域品牌价值作为重点研究对象，共计25个典型的研究案例。研究案例规模适中，且样本数据具有充分的"同质性"和"异质性"（潘玉辰和万思省，2021），前者是指有相同的背景特征，后者是指有不同的实施效果，即呈现不同水平的农产品区域品牌价值。此外，为保证时效性，本章选取了最新发布的果品价值数据。具体数据源于浙江大学CARD中国农业品牌研究中心、各省的统计年鉴、国民经济和社会发展统计公报、各省人民政府官网等。

（2）变量选择与校准

组态分析的构成条件既要根据理论，又要平衡理论与条件个数的关系（Greckhamer，2016），在进行变量选择时，要注意案例个数和条件个数维持在一定的比例，以减少有限多样性和个案化解释问题（Berg-Schlosser and Meur，2009）。综合相关文献，依据易操作性和可靠性原则，在政府、资源等视角下，结合资源禀赋论、品牌营销理论等，总结出农产品区域品牌价值的6个代表性条件变量。具体变量如表8-1所示。

地区资源禀赋：体现地方发展的原始优势，包括人文资源和自然资源。人文资源体现了文化积累，为增强品牌竞争力提供独特的优势。农产品具有一定的环境依赖性，好的自然资源条件能为产品生产提供优越的环境。人文资源和自然资源都存在赋值为1，自然资源具备优势赋值为0.67，人文资源具备优势为0.33，都无为0。

政府支持力度：包括政策支持和领导支持（蔡刚，2019）。政策支持在农产品区域品牌的建设与发展过程中发挥着重要作用。领导支持是指获得上级领导的鼓励与支持，体现在举办推介会、举行会议等方面。都有为1，前无后有为0.67，前有后无为0.33，都无为0。

营销策略水平：营销是增强品牌竞争力的重要手段。农产品区域品牌营销活动主要包括营销形式（网络购物、云平台）、推介活动、文化赋能（文创产品）、突出卖点。根据满足条件数量进行赋值：都不满足为0，满足一个为0.33，满足两个为0.501，满足三个为0.67，都满足为1。

技术发展水平：农产品的发展离不开技术投入。在农产品区域品牌建设中，种植技术、生产技术、产学研合作、新品种的培育是技术发展的重要体现。根据满足条件数量进行赋值：都不满足为0，满足一个为0.33，满足两个为0.501，满足三个为0.67，都满足为1。

经济发展水平：地区经济发展水平可采用地区生产总值、人均可支配收入、物价指数进行衡量，由于农产品区域品牌的出发点是为了增收致富、惠及民众，实现乡村振兴，因此根据所在县市人均可支配收入来衡量经济发展水平，并采用直接校准法进行校准，设定95%分位数的完全隶属点、50%分位数的交叉点、5%分位数的完全不隶属点。

产品质量水平：体现了产品的绿色程度，指的是在后续管控上减少农药、化肥的使用，使产品拥有良好的品质。农产品地理标志是由农业质量管理部门根据产品的绿色行为进行颁布的，以此来衡量产品的质量水平。有农产品地理标志的品牌赋值为1，没有则赋值为0。

表8-1 变量衡量及校准

	变量名称	变量符号	衡量条件	赋值标准
结果变量	品牌价值	BV	品牌价值官方数据	按照（95%、50%、5%）直接校准

	变量名称	变量符号	衡量条件	赋值标准
条件变量	地区资源禀赋	AS	1 人文资源：悠久的历史 2 符合苹果种植 7 项标准的最优种植区	都有为 1，前无后有为 0.67，前有后无为 0.33，都无为 0
	政府支持力度	GS	1 政策支持 2 领导支持（活动、会议、推介会）	都有为 1，前无后有为 0.67，前有后无为 0.33，都无为 0
	营销策略水平	MS	1 营销形式（网络购物、云平台） 2 推介活动 3 文化赋能（文创产品） 4 突出卖点	都不满足为 0，满足一个为 0.33，满足两个为 0.501，满足三个为 0.67，都满足为 1
	技术发展水平	TP	1 种植技术 2 生产技术 3 产学研合作 4 新品种的培育	都不满足为 0，满足一个为 0.33，满足两个为 0.501，满足三个为 0.67，都满足为 1
	经济发展水平	EL	所在县市人均可支配收入	按照（95%、50%、5%）直接校准
	产品质量水平	PQ	是否属于农产品地理标志	是为 1，否为 0

农产品区域品牌价值主要有2个衡量视角：①品牌收益视角（Pratt et al., 2010），主要根据地区的增长收益（顾海兵和张安学，2010）、区域GDP增速（桑秀丽等，2014）、品牌强度和现金折现（程虹等，2022）；②品牌资产视角（Gartner et al., 2010），具有代表性的是CARD评估法。鉴于数据的可得性，本章采用专门的研究机构发布的数据作为衡量农产品区域品牌价值的指标，具有一定的权威性和科学性。同时，对品牌价值采用直接校准方法进行校准，分别是95%分位数的完全隶属点、50%分位数的交叉点和5%分位数的完全不隶属点。

8.1.3 研究模型的构建

$$BV = f\,(AS, PO, GS, MS, TP, GD) \qquad (8-1)$$

式中，BV代表品牌价值，AS代表地区资源禀赋，PQ代表产品质量水平，GS

代表政府支持力度，MS代表营销策略水平，TP代表技术发展水平，EL代表经济发展水平。

8.2 组态分析

8.2.1 单个条件的必要性分析

在采用QCA方法进行组态分析前，需要进行单个条件的必要性分析，从而检验各个变量对生态产品价值实现影响的必要性。必要性条件分析采用一致性作为检验标准，设定0.9的阈值来识别必要条件，若一致性大于等于阈值0.9，则接受该条件变量是必要条件（宋世俊等，2022）。其中，一致性指的是某种组合条件中产生目标结果的案例比例，从"条件"到"结果"，一致性越好，表明该组合的解释能力越好；覆盖度指的是目标结果的案例中以某种组合出现的比例，从"结果"到"条件"，计算公式如下：

$$Consistency(X_i \leq Y_i) = \frac{\sum MIN(X_i, Y_i)}{\sum X_i}, \; Consistency \in (0, 1), \quad （8-2）$$

$$Coverage(X_i \leq Y_i) = \frac{\sum MIN(X_i, Y_i)}{\sum Y_i}, \; Coverage \in (0, 1), \quad （8-3）$$

式中，X_i是条件组合的隶属分数，Y_i是结果中的隶属分数。

由表8-2可知，只有政府支持的一致性大于0.9的阈值，才能表明政府支持构成了农产品区域品牌价值的必要条件，而其他变量并不是结果变量的必要条件。原因在于农产品区域品牌的公共产品属性，必须依靠政府才能有效地处理相关利益主体之间的关系。这说明只有各个条件之间相互联动匹配才能对农产品区域品牌价值产生影响，因此有必要进行变量的组态分析。

表8-2 必要性条件分析

条件变量	高水平品牌价值		低水平品牌价值	
	一致性	覆盖度	一致性	覆盖度
AS	0.704 820	0.543 286	0.751 448	0.572 594
~AS	0.445 514	0.644 534	0.400 628	0.572 957
PQ	0.482 183	0.433 000	0.638 719	0.567 000
~PQ	0.517 817	0.591 818	0.361 281	0.408 182
GS	0.905 345	0.643 414	0.749 034	0.526 230
~GS	0.333 360	0.573 324	0.492 436	0.837 209
MS	0.679 128	0.673 025	0.658 835	0.645 436
~MS	0.642 221	0.655 577	0.666 238	0.672 406
TP	0.751 273	0.708 127	0.612 649	0.570 850
~TP	0.544 703	0.587 206	0.686 756	0.731 864
EL	0.661 072	0.628 146	0.623 672	0.585 821
~EL	0.564 111	0.602 600	0.604 120	0.637 947

注: ~表示非。

8.2.2 条件组合的充分性分析

由于本章样本量较小,为更好地反映组态结果,参考张赛因等(2023)的研究,设定频数阈值为1,一致性阈值为0.74,同时采用中间解和简约解相结合的方式,得出影响农产品区域品牌高价值的不同路径与实现模式。其中,同时出现在中间解和简约解中的变量为核心条件,只出现在中间解的变量作为边缘条件。原始覆盖度表明该条件组合可以解释所提供案例情况的比例,可能与其他组合的结果有交叉,唯一覆盖度是指仅使用该组态能够促成多少案例结果的发生,数值越大说明该组合更易于促成结果的发生。从表8-3中可以看到,生成农产品区域品牌高价值的路径是多元的,共存在5条路径。总体一致性为0.788 255,这意味着,在符合上述5条生成路径的农产品区域品牌中,有78.825 5%的农产品区域品牌呈现高价值。总体覆盖度为70.147 9%,说明这5条生成路径的条件组态可解释70.147 9%的农产品区域品牌高价值。从不同因素的条件组合来看,这5条生成路径也表征了农业生态产品区域品牌高价值的4种模式。

（1）农业生态产品区域品牌价值高水平的组态分析

表8-3　农业生态产品区域品牌价值高水平的组态分析

条件组态	资源—营销—技术型	政府主导下资源驱动型		技术—经济型	政府型
	组态1	组态2	组态4	组态3	组态5
AS	●	●	●	⊗	⊗
PQ		⊗	⊗		●
GS	●	●	●	●	●
MS	●		⊗	●	●
TP	●	●	⊗	●	⊗
EL	⊗	●	⊗	●	⊗
原始覆盖度	0.446 548	0.242 682	0.221 047	0.372 494	0.120 188
唯一覆盖度	0.106 188	0.052 577 1	0.027 044 2	0.139 437	0.013 601 7
一致性	0.758 341	0.849 624	0.787 475	0.785 343	0.766 616
总体覆盖度	0.701 479				
总体一致性	0.788 255				

注：●为边缘条件存在，⊗为边缘条件不存在，●为核心条件存在，⊗为核心条件不存在，空白代表可存在可不存在。

资源—营销—技术型。组态1指出，以资源禀赋、品牌营销和技术投入、非高经济发展水平为核心条件，以政府维持为边缘条件的组合路径能充分实现高水平的农产品区域品牌价值。这类区域品牌反映出在政府有序推进农产品区域品牌建设的情况下，依据当地良好的资源优势，加强对品牌的营销推广和技术上的研究投入，不管有没有质量上的认证，都会促进农产品区域品牌价值的提升。该条件组态的原始覆盖度为0.446 548，表明该路径能够对44.654 8%的高品牌价值案例进行解释。该条件组态的唯一覆盖度为0.106 188，这意味着约有10.618 8%的农产品区域品牌高价值案例能被该条件组态唯一解释。

如图8-2所示，属于此类组合路径的区域品牌有白水苹果、运城苹果、静宁金果。以静宁苹果为例，根据相关统计资料，静宁苹果产区经济发展水平不算太高，但处于黄土高原苹果生产优势区、最佳适生区和优质苹果生产"黄金地域"，有得天独厚的资源禀赋条件。在品牌营销方面，通过大学生担任品牌代言人、举办"苹果赏花节""苹果采摘节"等文化旅游观光活动以及静宁苹果登陆南极等举措大幅提升静宁苹果的知名度。与此同时，大力开展新品种的培育、引进、试验、示范与推广；推广水肥一体节水灌溉、气象自动监测、病虫监测预警等技术；与中国农业科学院果树研究所、山东农业大学等院校合作。此外，政府还会派专业人员进行技术指导。该区域品牌将资源、技术、营销有机结合，有力地推动了农产品区域品牌价值的实现。

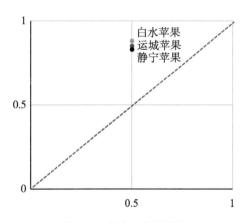

图8-2　组态1典型案例

政府主导下资源驱动型。在组态2中，资源禀赋和政府支持对提升农产品区域品牌价值起到核心作用，技术投入和经济发展水平起到辅助作用。这意味着，在具有一定的技术和经济水平下，政府的大力支持和资源禀赋优势的存在，会促进农产品区域品牌价值的提高。该条件组态的原始覆盖度为

0.242 682，表明该路径能够对24.268 2%的高品牌价值案例进行解释。该条件组态的唯一覆盖度为0.052 577 1，这意味着约有5.257 71%的农产品区域品牌高价值案例能被该条件组态唯一解释。相较于组态2，组态4缺少了辅助条件技术投入和经济发展水平，但仅凭政府大力支持与良好的资源禀赋条件也能促进农产品区域品牌价值的实现，该条件组态的原始覆盖度和唯一覆盖度分别为0.221 047、0.027 044 2，这意味着在解释力上与组态2并无太大差别。如图8-3、图8-4所示，典型的案例为平凉金果，该地区是农业农村部划定的苹果最佳适生区，所辖区域完全满足7项苹果生态指标，在脱贫攻坚战略下，平凉市委、市政府确立的打造具有地域特色的优势品牌，以品牌促规模、以品牌拓市场、以品牌增效益的品牌带动战略和目标，极大地推动了品牌建设。

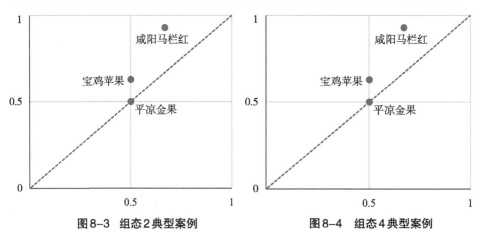

图8-3　组态2典型案例　　　　图8-4　组态4典型案例

技术—经济型。在组态3中，技术投入和经济发展水平对提升农产品区域品牌价值起到核心作用，政府支持和品牌营销的存在起到补充作用。这意味着，对于政府支持和品牌营销都推进的区域品牌，重视技术在农产品建设中的作用，提高经济发展水平，也会促进农产品区域品牌价值的提升。该条件组态的原始覆盖度为0.372 494，表明该路径能够对37.249 4%的高品牌价值案例进行解释。该条件组态的唯一覆盖度为0.139 437，这意味着约有13.943 7%的农产品区域品牌高价值案例能被该条件组态唯一解释。

如图8-5所示，典型案例有烟台苹果、延安苹果、栖霞苹果、灵宝苹果、花牛苹果。以烟台苹果为例，地区年人均可支配收入达到42 629元，高于一般水平。烟台当地建立无菌组培实验室，引进技术和人才；在种植上使用免套袋苹果技术和生物疏花疏果技术；建成全产业链；研发"烟香玉"等新的苹果品种。此外，政府也给予了资金与技术支撑，并进行了丰富多样的品牌营销。

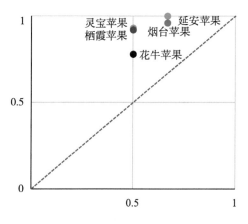

图8-5　组态3典型案例

政府型。在组态5中，政府支持起到核心作用，产品质量和品牌营销起到辅助作用。这意味着，在提升产品质量和营销能力的基础上，政府的大力支持会有效促进农产品区域品牌价值的提升。该条件组态的原始覆盖度为0.120 188，表明该路径能够对12.018 8%的高品牌价值案例进行解释。该条件组态的唯一覆盖度为0.013 601 7，这意味着约有1.360 17%的农产品区域品牌高价值案例能被该条件组态唯一解释。如图8-6所示，典型案例为秦安苹果。政府定期组织培训，通过政策引导、推介会等方式大力推进品牌建设。秦安县供销联社积极参加2022年"秦安苹果"上市推介会。

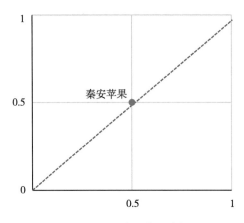

图8-6   组态5典型案例

另外，从组态路径的比较中可以看出，产品质量水平在高价值的农产品区域品牌中出现的频次最低，在低价值的农产品区域品牌中出现的频次却最高，且以核心条件出现，这反映出当前我国果品农产品区域品牌建设中存在的一个重要问题——产品质量与价值的断层，即华丽营销下对产品质量的忽视。这说明我国果品类品牌的质量有待进一步提升。

（2）农业生态产品区域品牌价值低水平的组态分析

借鉴BELL等（2014）提出的稳健性检验方法，对结果变量为相反值的条件变量组合进行分析，结果如表8-4所示，导致农产品区域品牌价值低水平的条件组合路径可归为3类。

表8-4 农业生态产品区域品牌价值低水平的组态分析

条件组态	组态1	组态2	组态3	组态4	组态5	组态6
AS		●	●	●	●	⊗
PQ	●	●	⊗	●	●	●
GS	●	⊗	⊗	●	●	⊗
MS	●	●		●	●	⊗
TP		⊗		●	●	⊗
EL	⊗		●	⊗		⊗
原始覆盖度	0.296 186	0.248 713	0.174 767	0.269 553	0.325 233	0.123 109

续　表

条件组态	组态1	组态2	组态3	组态4	组态5	组态6
唯一覆盖度	0.041 116 8	0.022 610 2	0.174 767	0.014 483 5	0.046 025 1	0.027 357 6
一致性	0.808 123	0.887 963	0.775 161	0.747 768	0.762 066	0.905 325
总体覆盖度	0.605 568					
总体一致性	0.759 588					

注：●为边缘条件存在，⊗为边缘条件不存在，●为核心条件存在，⊗为核心条件不存在，空白代表可存在可不存在。

　　资源—质量型。组态2、组态4、组态5表明，在只有以资源禀赋和产品质量水平为核心条件时，并不能有效提升农产品区域品牌价值。组态2表明，当政府维持和技术投入缺乏时，尽管营销策略水平尚可，并具良好的产品质量与优渥的资源禀赋条件，农产品区域品牌价值也只是低水平。组态4和组态5表明，当经济发展水平较低时，即使其他条件都存在，农产品区域品牌也是处于低水平状态。

　　质量型。组态1表明，当经济发展水平不高，即使产品质量很好，且政府支持水平、营销策略水平都良好时，农产品区域品牌价值也是低水平的。组态6表明，仅有良好的产品质量、其他条件缺乏时，不能有效提升农产品区域品牌价值。

　　组态3表明，在缺乏强有力的政府维持和良好的产品质量时，即使资源禀赋、营销策略水平和经济发展水平良好，农产品区域品牌也是低水平价值。

　　对比表8-3和表8-4可以发现，引致"农产品区域品牌高价值"与"农产品区域品牌低价值"的路径组合存在明显不同，且导致农产品区域品牌低价值的条件变量组合并非导致农产品区域品牌高价值条件变量组合的对立，即结果变量的成因具有非对称性，说明正反结果的原因不能简单地归结为非此即彼的关系，进一步检验了结果的稳健性。

　　（3）条件间的潜在替代关系

　　分析5条"殊途同归"路径中的条件变量组合情况可知，路径中的变量存在潜在的等效替代关系。对比组态1和组态2可以发现，在资源禀赋条件、技术发展水平和政府支持力度好的情况下，良好的经济发展水平或较高的品牌营销水平都可以提升农产品区域品牌价值，如图8-7所示。对比组态2和组态3可以发现，在经济发展水平、技术发展水平和政府支持力度好的情况下，优越的资源禀赋条件或良好的营销策略水平都可以提升农产品区域品牌价值，如图8-8所示。

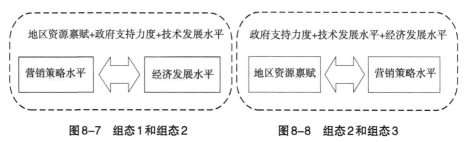

图8-7　组态1和组态2　　　　　图8-8　组态2和组态3

对比组态3和组态5可以看出，当政府支持力度和营销策略水平良好时，好的技术发展水平和经济发展水平或者良好的产品质量都可以推动农产品区域品牌价值提升这一结果的发生，如图8-9所示。对比组态4和组态5可以看出，当政府支持力度高时，良好的产品质量和营销策略水平或者优越的资源禀赋条件都可以推动农产品区域品牌价值提升这一结果的发生，如图8-10所示。

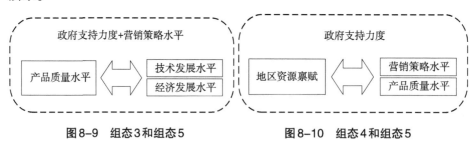

图8-9　组态3和组态5　　　　　图8-10　组态4和组态5

总体而言，从5条路径中可以看到，没有哪个因素可以单独影响农产品区域品牌价值的提升，即使存在某一因素缺失，也会因为其他因素的存在而达到同样的目标，即不同条件组合间存在等效替代关系，并以"殊途同归"的方式提升农产品区域品牌价值水平。

8.3 稳健性检验

QCA是一种集合论方法，当轻微改变操作，产生的结果间存在子集合关系，不会改变研究发现的实质解释时，视为稳健。为此，参考杜运周等（2020）的方法，通过调整一致性阈值和案例频数进行了稳健性检验。

8.3.1 调整一致性阈值

将一致性阈值由0.74调整为0.7，观察表8-5可以发现，产生的组态基本包括表8-3中的现有组态，从而表明研究的组态结果比较稳健。

表8-5 一致性阈值调整

中间解	原始覆盖度	唯一覆盖度	一致性
~AS*PQ*GS*MS*~EL	0.146 437	0.013 601 7	0.744 741
AS*PQ*GS*TP*~EL	0.259 386	0.020 521 8	0.727 902
AS*~PQ*GS*TP*EL	0.242 682	0.027 044 3	0.849 624
AS*~PQ*MS*TP*EL	0.215 638	0.000 00	0.792 227
~AS*GS*MS*TP*EL	0.372 494	0.139 437	0.785 343
AS*~PQ*GS*~MS*~TP*~EL	0.221 047	0.027 044 2	0.787 475
AS*GS*MS*TP*~EL	0.446 548	0.000 159 085	0.758 341
总体覆盖度	0.722 001		
总体一致性	0.768 066		

注：~表示非，*表示和。

8.3.2 调整案例频数阈值

将案例频数阈值由1调至2，从表8-6中可以看到，产生的两个组态与表8-5现有组态中的两个解基本一致，表明结果存在子集合关系，即研究的组态比较稳健。

表8-6　案例频数调整

中间解	原始覆盖度	唯一覆盖度	一致性
~AS*GS*MS*TP*EL	0.372 494	0.252 386	0.785 343
AS*PQ*GS*MS*TP*~EL	0.238 864	0.118 756	0.742 949
总体覆盖度	0.491 25		
总体一致性	0.767 682		

注：~表示非，*表示和。

8.4 国内外果品类区域品牌建设的典型案例借鉴

8.4.1 国外典型案例

（1）佳沛奇异果

从1904年猕猴桃种子的新西兰之旅开始，到1947年的大规模化种植。1952年，在行业协会的努力下，猕猴桃走向世界市场。1959年，以奇异果命名的猕猴桃出世；1997年，佳沛品牌正式成立；2004年，新西兰奇异果迎来了百年"诞辰"；2012年，新一代黄金奇异果出现；2020年，佳沛宣布启动新的品牌形象。如今，经过百年发展，"佳沛"已成为全世界高端奇异果的领导品牌，一直保持其优质高价的形象，将奇异果销售到全球53个国家和地区，占世界奇异果销售总量的30%。中国本是猕猴桃的原生地，但让猕猴桃在世界出名的是新西兰。集全国之力，只做一个单品，从一度濒临破产，到2021年全球销量高达181亿元，佳沛是如何逆袭成功的？

①标准化的产品供应体系。

佳沛从种植端到最后达到消费者手中对全过程进行控制从而保证产品的品质。在种植端，佳沛为果园配备了专业的人才，严格管控从选种、育种到成熟采摘的整个流程，严格管理产品的大小、形态、尺寸，保证产品进入市场的均一性。在产品储藏方面，为保证产品的新鲜口感，公司会将产品储藏在0～2℃的低温低氧环境中，并且公司会在奇异果运送前，把控产品的成熟度，使其在运输过程中可以继续成熟，使其在到达消费者手中时实现最佳的口感。标准化的生产过程保障了产品质量，同时也建立了完善的产品质量追溯体系，每箱产品都有专门的溯源码，从而使消费者可以追踪到产品生产销售的各个环节，使产品更加有保证。

②组织形式创新。

公共产品中的"搭便车"行为往往会给品牌的可持续发展造成影响，传统的政府管控"治标不治本"，为解决好这一问题，佳沛进行联合发展，每年与数千名果农签订供销合同，公司将土地作为果农加入佳沛的交换资格，并根据土地和产品质量决定分红，佳沛将产品质量与果农利益紧密结合在一起，使得果农在生产过程中重视产品质量，并按照统一的标准进行生产，保证了产品的统一性和质量的稳定性，从而将负外部性的问题内部化，有效地避免了农户的"搭便车"行为。这种联合体的方式不仅有效地整顿了生产市场，还增强了佳沛应对外部竞争的力量。

③进行市场细分，精准定位顾客需求。

"佳沛"品牌始终秉持以消费者需求为核心的经营理念，每年斥巨资深入市场，细致调研消费者对奇异果口感、尺寸、品种及成熟度等的多元化偏好。基于对不同细分市场需求的精准洞察，佳沛致力于开发多样化的产品线，以增强产品的市场适应性和满意度。举例来说，为贴合亚洲市场的消费倾向，佳沛携手新西兰园艺与食品研究所，于1991年成功培育出果肉金黄、甜美多汁的金色奇异果品种。1998年，这一创新产品在亚洲市场一经亮相，便迅速赢得了广大消费者的青睐与好评。

④本地化的品牌营销。

在营销渠道上，佳沛与我国的电商巨头阿里巴巴、京东签订合作协议，不断下沉市场，扩大更多的消费群体。在营销推广上，紧跟国内最新趋势，积极响应"健康中国2030"，大力推广营养健康教育；同时，在东京奥运会期间，邀请知名运动员进行品牌代言，强化健康生活的形象；此外，还积极与中国的传统节日相结合，在节日期间推出富有节日和产品特色的广告，拉进与国内消费者的关系，加深消费者对产品的认知。

（2）新奇士橙

1804年开始，柑橘开始成为南加州重要的经济来源之一，但低廉的价格、盲目的分销渠道使种植者陷入发展困境。1983年，个体果农们自发组织起合作社，1907年，为增强消费者的品牌印象，合作社推出了一个柑橘商标——新奇士。之后不断发展壮大，逐渐成为享誉世界的品牌。这个具有百年历史的农产品品牌是如何从一个小小的橙子成长为世界闻名、辨识度高的品牌的？有哪些成功之处？

①标准化种植、集体化管理。

1952年，"南加州水果与农产品合作社"正式更名为"美国新奇士种植者协会"。采取公司化管理，在"新奇士"模式下，小型个体果农由分散走向统一，统一的商标、统一的定价、统一的技术应用。对每一棵果树进行全方位的管理，包括种植时间、地点、生长情况等，根据这些信息并结合市场的需求变化，确定种植计划，进而实现统一化生产。此外，新奇士严格品控环节，从摘果开始，采用统一的采摘、包装和销售，在人工筛选的基础上又经过全自动流水线选品，并通过对每箱水果做标记，建立产品的质量追溯机制。通过产前、产中、产后的统一化运营，大幅提升了新奇士柑橘产品在市场上的竞争力。

②产品品牌延伸。

新奇士与强资合作，授权知名的公司生产分销新奇士品牌相关产品，其产品范围包括水果汁、碳酸饮料、维生素等。例如，与胡椒博士集团共同推出"新奇士软饮料"，与通用磨坊公司共同推出"新奇士水果零食"等，都进一步增强了"新奇士"商标的影响力。商标授权不仅扩大了品牌的影响力，也通过许可费用为企业自身带来了更多的收入。同时，这些商品都以新奇士橙作为生产原料，不仅开辟了新的销售渠道，也提高了个体果农们的产品销量。

③出色的品牌营销。

新奇士针对自身的品牌定位，坚持"健康"与"营养"两大主题。最初，新奇士为凸显维生素的保健功能，提出了"喝一个橙子"的消费方式，无形中影响人们的消费习惯，从而增加消费者对柑橘的使用量。同时，新奇士采用一举两得的方式进行品牌的营销和保护，为避免非品牌柑橘使用品牌标签，推出了"标签换餐具"的活动，即每收集12枚新奇士的包装并将其寄回公司，就能换一个精美的汤匙，此举充分抓住消费者的心理，在减轻产品损失的同时，提升了品牌的知名度和传播力。此外，新奇士积极参与各项活动，如赞助大型体育赛事、参与公益活动、寻找最佳产品形象代言人等。

8.4.2 国内典型案例

（1）沙田柚

容县沙田柚，是一历史悠久的水果品种，其栽培历史可追溯至2000年前。早在明朝时期，容县沙田柚便以其卓越的口感赢得了极高的声誉。至清朝年间，它更是被乾隆皇帝钦点为皇家贡品，并被赐予"沙田柚"之名，此名沿用至今，成为其独特的品牌标识。容县沙田柚以其独有的蜜香与入口即化的细腻口感，成为广西地区沙田柚中的佼佼者。当前，全县范围内沙田柚的种植面积已扩展至23万亩，年产量高达30.5万吨，整个产业的价值链估值达35亿元。为了进一步提升沙田柚产业的发展水平，当地已建立138个沙田柚种植示范基地，旨在通过示范引领，推动沙田柚产业的持续繁荣。

①优越的自然环境。

容县，作为一个典型的"八山一水一田"地貌的丘陵山区县，其独特的地形条件为沙田柚的生长提供了得天独厚的环境。全县的沙田柚产区主要位于低矮的丘陵山坡上，这些产区的土层既深厚又疏松，为沙田柚树的健康生长与品质提升创造了有利条件。此外，容县所处的亚热带季风气候区，气候温和且适宜。这里空气湿润，夏季炎热多雨，昼夜温差适中，这样的气候条件不仅满足了沙田柚前期生长发育的需求，更有利于果实后期糖分的转化积累与花芽的分化，从而赋予了容县沙田柚其独特而诱人的风味品质。除此之外，容县还是个典型的农业县，全县生态环境优越，空气、灌溉水、土壤质量为优良，各个沙田柚果场、果园无外来污染物污染，天然的生态环境是生产优质沙田柚的基础。

②科学专业的种植技术。

春季是开花、授粉、保果的关键时期，在这个阶段，要做好施肥、疏花、疏梢、授粉、病虫害防治等工作；夏季高温且多雨，要做好幼树促梢、结果树保果、修剪枝杈等工作；秋季沙田柚逐渐成熟，少数花芽开始分化，此阶段要加强肥水管理、保护优良的结果母枝等；冬季主要的工作是扩穴深翻改良土壤、在树冠边缘挖深沟以断根、在采果后清园，为新一轮的种植做准备。另外，对沙田柚的生产过程进行品质把控，大力推行质量追溯制度，建立容县沙田柚苗木溯源信息系统和电子产品档案信息系统，从种植、生产到产品流向全覆盖，从而为沙田柚的质量安全提供强有力的保证。

③令人印象深刻的标识创意。

容县沙田柚的标识充分彰显了中国传统文化，采用乾隆皇帝作为品牌代言人，用一句"乾隆爷的沙田柚"狠狠地抓住了消费者的眼球，激起了消费者强烈的好奇心，红色的标识采用的是以古代印章为模板，将容县的"容"字与优质的形态融入进去，简单明了，很清晰地向消费者传递出"卖的是什么产品""产品产自哪里"，同时通过乾隆皇帝的消费体验向消费者传递出产品不一般的品质。在国潮文化崛起的今天，乾隆皇帝与沙田柚的故事为沙田柚的发展注入了文化之魂，更能吸引消费者的关注。

（2）阳光玫瑰

阳光玫瑰葡萄属于欧美杂交种，是由日本葡萄研究院用安芸津21和白南杂交培育而成的。2009年，上海从日本研究院引进该品种，经过本土化6年的大棚培育，于2014年通过上海市品种认定，开始走进国内市场。阳光玫瑰步入中国市场后，凭借嫩绿的外观和甜而不腻的口感一炮而红，得到了万千中国百姓的喜爱与青睐。当时的阳光玫瑰在市场上是以日本进口的身份来进行产品定义的，身份之高让它的价格也一路飙升，最贵时甚至高达500元/斤，如此昂贵的价格让老百姓对它望而止步。阳光玫瑰在当时无疑是奢侈品的代表，成为登门送礼以及走亲访友的佳品。阳光玫瑰引入中国之初，在种植上拥有颗粒大、抗病害能力强、耐储存易高产的特点，口味上有香甜多汁、内含玫瑰香味的优势。

然而，到了我国果农种植户手中，跟风种植以及盲目追求数量让这些优势毁于一旦。阳光玫瑰作为高开低走的农产品，背后的原因引人深思。

①忽视了产品质量。

在面积显著扩大后，一些农户未能按照规范进行标准化种植，未采用科学化的方法，过度使用植物调节剂。为了避免集中上市期的竞争，大部分果农的应对措施是提前采摘，在果品尚未完全成熟时，他们会提前雇佣人力，把果园的葡萄采摘完毕后洒点乙烯类的催熟物质，这样葡萄在运输途中也能保证刚好成熟。当年阳光玫瑰从日本传来，云南、四川两地果农为了能还原阳光玫瑰的原始口感，绞尽脑汁留存了日本的种植秘籍，并严格按照书上所述一板一眼地进行栽培。而现在果农种植阳光玫瑰不再以口味为目标，则是追求产量，有的甚至对阳光玫瑰的正确栽培方式一窍不通，这就导致了各地阳光玫瑰的成品良莠不齐，出现了地区不同价格不同的差异。此外，带有香味是阳光玫瑰的独特之处，在种植过程中，土质是葡萄香的关键，但很多种植户选择的是重肥路线，忽视了对土壤有机质的培养，使得产出的葡萄缺乏香味。

②供过于求，产量过剩。

根据云果产业大脑发布的阳光玫瑰产业报告，2016年，我国阳光玫瑰种植面积只有10万亩，然而截至2022年，阳光玫瑰种植面积已经暴涨至近32万亩，6年时间翻了3倍有余，阳光玫瑰的产量自然也是一路飙升，面积的不断扩大使阳光玫瑰由稀缺性走向大众化。物以稀为贵，当一个物品由难得一见变得随处可见时，它也就失去了意义附加值，稀有品种的外衣逐层褪去，人们的新鲜感和热情也会慢慢冷却，如果没有优秀的口碑加以维持，那么产品的高开低走就是市场必然的结果。阳光玫瑰从兴盛走到衰落正是盲目扩张、非理性种植的结果。

8.5 本章小结

本章以果品类农业生态产品为例，进行区域品牌价值实现的组态分析。首先，进行研究设计，包括理论模型构建、案例选择和变量确定；然后，进行组态分析，以及稳健性检验，总结出果品类农业生态产品区域品牌价值实现的组态路径；最后，介绍了国内外果品类区域品牌建设的典型案例，为后文的提出对策与建议提供借鉴参考。

9 多元主体协同视角下农业生态产品价值实现的对策与建议

part 9

"众力并，则万钧不足举也。"生态产品价值实现是多主体参与的过程，不同主体由于自身能力、资源的差异性，发挥着不同的作用。为了显著提升生态产品价值转化的效率与效果，需要集合多元主体的力量，通过协同合作来克服各自的局限性，构建一个全面融合的生态产品价值实现体系。在政府层面，应持续完善相关政策框架，为生态产品价值实现提供坚实的政策支撑。企业则需加大科技研发投入，以增强其在复杂多变的市场环境中的适应力与韧性。同时，各相关部门需深化合作，构建起利益共享的命运共同体，共同提升各主体参与生态产品建设与价值提升的能力。这一过程中，要着重优化社会资源的配置效率，不断细化并优化农业生态产品的价值链，以此推动农业的持续健康发展，提升农业生态产品的质量与效益，为经济的持续繁荣注入新的活力与动能。

9.1　政府角度的建议

生态产品建设是一个有益于人类社会但又复杂漫长的发展过程，会受各种因素的影响，因此，其发展离不开政府的支持。生态产品建设是一场经济和生态的博弈与较量，在推进生态化建设的过程中，势必会影响很多人的利益。而且，生态产品建设前期投入量巨大，需要政府在资金、政策等方面的帮助。此外，政府作为生态产品建设各利益相关方的"大家长"，具有统筹、调配资源的能力，可以为生态产品建设搭建一个良好的发展环境。

9.1.1　生态补偿方面

首先，政府应当紧密结合各地区的具体状况，遵循"破坏者负责恢复，受益者承担补偿"的基本原则，不断优化和完善生态补偿机制。包括调整补偿的具体形式与力度，清晰界定生态补偿的渠道、标准与实施方式，确保补偿措施能够切实惠及生态保护的实施者，让他们真切感受到生态保护所带来的实际利益。同时，政府还应加大对生态环境破坏行为的惩罚力度，增强补偿机制的针对性和双向互动性，以充分发挥生态补偿的积极作用。通过这样的措施，可以有效避免生态改善责任缺失的问题，确保生态环境保护工作得到有效执行，进而更加高效地推动生态产品价值的实现。

其次，完善中央财政投入制度。地方财政因其规模较小，不足以支撑中国重点生态功能区补偿，因此，需要借助中央财政的力量发挥作用。中央财政补偿具有规模大的特点，能够扩大激励与补偿的强度，使得相关主体的经济付出得到回报，平衡生态产品相关主体的利益，推动生态产品深入发展。

再次，要健全不同地区间的横向补偿机制。从我国实际情况来看，各地域存在明显的发展差异，东部、西部经济、资源不平衡，付出方与受益方之间存在巨大的差异。因此，要重点完善区域间、流域的上下游之间及生态受益区对生态保护区的横向补偿，不断完善我国的生态产品价值补偿机制。除此之外，站在更长远的角度来看，要适度开展耕地休耕补偿探索，增强耕地的可持续生产能力，按照一定的标准规范，协调好粮食不同生产环节的利益分配，增强对粮食生产一线的农民的补偿，进而保护好农民在耕地保护上的积极性。

最后，选择生态资源比较丰富但资金不足的地区，根据专门机构的评估，成立专门面向支持林木、森林等生态产品发展的绿色金融银行，并由政府给予一定的优惠补贴，从而提高农民资金获得的便利度，帮助其顺利地开展生态产品建设与生态保护活动，进而更有效地调动农民投身生态建设的积极性[97]。

9.1.2 生态产品确权方面

产权明晰是生态产品价值实现的前提与基础。生态产品属于自然属性较强的产品，公共性比较突出，产权界定不清容易给生态产品价值实现带来极大的发展阻碍。因此，对产权模糊不清问题，应进一步明确相关生态产品的产权归属，推进自然资源资产产权制度改革，通过市场化的方式进行价值的保护与转移，更好地保障生态产品利益相关方的权益，从而推动个体参与生态产品价值的积极性，避免出现区域问题在利益主体之间的责任推诿现象，提升危机事件处理的有效性和及时性。

9.1.3　重视对高层次人才的培养

人力资源在生产力中占据着举足轻重的地位，对于生态产品价值的发掘而言，科研与管理人才的贡献不可或缺。因此，必须高度重视人力资源的培育与利用。政府应当灵活调整人才引进策略，提供更加诱人的就业补助，构建优质的发展平台，并不断完善基础设施，以提升对本地及外地高校人才的吸引力，为他们营造一个有利于成长与发展的良好环境。同时，加大对科研人员的培养力度，给予他们更多的关注与支持，以留住并吸引更多的高校人才。通过激发他们的积极性，促使他们积极投身于第一产业、第二产业及第三产业的生态化发展中，为产业的繁荣发展贡献智慧与力量，从而推动产业实现绿色、高质量的发展目标。此外，建立一个良好的营商环境，吸引企业进行投资发展，为人才发展提供用武之地。

9.1.4　增加对生态产品的财政资金补贴

生态产品在我国的发展已经进入全国推广阶段，虽然从试点中总结了一定的经验，但仍面临比较大的发展困境，尤其是在资金方面。在农业生态产品方面，由于对自然依赖性较强，且农业由个体进行经营，导致个体在资金、技术上的能力较弱，这些因素阻碍了单个农业生产经营者投身生态建设的主动性与积极性。因而需要政策的大力支持，我国各级政府应以财政拨款、补贴、贷款优惠等资金扶持的方式支持生态产品的发展。在资金方面，政府可以将各类生态产品项目按照等级给予补贴，降低一些个体在推动生态产品价值实现的风险；对于企业而言，政府可以实施优惠的政策，支持生态产品开发与技术创新，使企业可以更好地进行生态产品建设。

9.1.5 因地制宜选择适合的价值实现方式

生态产品价值实现是一个复杂工程，其构成因素通常以非线性的方式在时空范围内进行相互作用。我国地大物博，幅员辽阔，东中西部地区的资源、经济状况有显著差异，各地区要因地制宜选择适合的生态产品价值实现方式[98]，处理好经济与生态的发展关系。

首先，东部地区经济发展水平高，资金充足，有良好的产业基础和市场优势，但生态环境等方面的优势不足。一方面，要以生态修复的方式使生态系统自身能力得到恢复，不断增强社会中的绿色覆盖率，为生产生活构建一个健康的生态空间。另一方面，树立绿色发展理念，要加大技术投入和生产链条的绿色化改造，突破传统发展的局限性，不断优化升级产业结构，推进区域产业朝着生态化方向发展，为生态产品的可持续发展营造一个健康的生存环境，更好地破解"金色污染"难题。

其次，中西部地区有丰富的自然资源，但由于区位等多个方面的因素，面临"绿色贫困"的难题。发展中西部地区具有重大的战略意义，要在不伤害生态的情况下，通过政府的大力支持，完善各项基础设施建设，积极推进"生态+"等融合型产业发展模式，释放生态中蕴含的高质量经济发展潜力，增强生态系统的服务功能，从而使自然资本内在优势显化。另外，应充分挖掘资源潜力，通过搭建交易平台，将分散的资源进行集中化管理，进行自然资源产权及权益交易，释放更大的经济价值和生态效益，从而多角度推进生态产品价值实现，促进经济与生态和谐发展。

9.2 企业角度的建议

随着人们对美好生活的向往与追求，人们在选择产品时越来越注重产品的内在化，包括其品质、营养等，尤其是对于农业生态产品而言，绿色、有机、生态、健康成为重要的选择点。农业生态产品是指兼顾自然健康与人类健康，追求人与自然的和谐统一，建设生命农业的一种方式。产品之间竞争的关键在于产品本身，即品质内涵，需要企业加强对产品的技术投入，增强产品的竞争力。在激烈的市场竞争中，除了产品优良，还需要企业进行积极的营销宣传，加大市场拓展，获取良好的市场效应。此外，企业在面对自身权益被破坏时，要勇于拿起法律武器，惩罚危害市场秩序的行为，从而更好地维护市场的公平发展。

9.2.1 加大科技投入

增强科技投入，提升生产经营的科技密集度，是强化农业与工业发展科技驱动力的关键。一方面，此举不仅能让生态产品焕发更强的生命力，提升其在恶劣环境条件下的适应能力，还能打破时空限制，不断拓宽市场边界，精准对接消费者需求。另一方面，建立更为完善的产业发展链条，提升产业发展的专业化、智能化发展水平，积极推动科技成果向产品转化。在农业发展领域，应将科技深度融合于全产业链及各个生产要素之中，从而提升农产品的品质与附加值，开发出更具市场吸引力和创新性的生态产品。这不仅有助于增强企业在市场中的竞争优势，还能推动生态农业向更智能化、更高质量的方向发展，进而提升农业的整体效益与竞争力。

9.2.2 积极进行营销推广

生态产品在我国的发展尚处于初级发展阶段，市场对其并未有足够的了解，产品定位与市场需求之间并不能够实现充分的对接。企业要想进行市场开拓，必须展开积极营销，在营销理念和营销渠道上下功夫。一方面，随着生活水平的不断提升，绿色消费理念逐渐深入人心。因此，企业要充分体现产品的绿色、天然、无污染，对人体健康大有裨益，从而与消费者的精神健康需求相契合。另一方面，随着网络技术的不断发展，电子商务应运而生，打通了线上的营销渠道。企业要充分利用好线上、线下的优势，将前者传播度广的优点与后者的客户体验感相结合，利用节假日举办多样化的活动，激发人们的消费欲望，进而增强生态产品的市场竞争力，不断巩固扩大其市场地位。

9.2.3 用法律维护自身合法权益

企业在发展中后期，会面临很激烈的竞争。企业经过前期很长时间的努力，建立起属于自己的品牌，并具有一定的市场号召力。但市场上存在一些同类产品，企图打着与企业类似甚至完全相同的品牌旗号进行非同质化产品的市场销售，谋取市场利益，而这种行为完全侵犯了企业的利益。面对这种"搭便车"行为，企业应积极应对，拿起法律武器，惩罚这种冒牌行为，维护自己的正当权益和市场公平。同时，对于一些危机事件，企业要提前建立预防机制，制定各种风险防范举措，进而以更加稳定的姿态对待各种突发状况，尽最大可能减少企业的损失。

9.3 金融机构角度的建议

生态产品是加强生态文明建设的有力一环，需要大量的资金投入，除了必要的政策支持，还可以借助金融机构的力量。金融机构作为市场资金的集散地，具有规模大、集中的特点，能在一定程度上推动社会资本更加合理化的应用，进而创造出更大的市场效益，因此，从这个层面上看，金融支持在生态产品价值实现中的作用不容忽视，其既可以缓解生态保护者的资金压力，也可以支持企业进行生态产品的开发与培育，从而进一步推动生态产品的价值实现。因此，应基于生态产品价值实现加快完善生态产权的金融支持机制，不仅提供更加多样化的金融服务产品，而且积极加强融资平台建设。

9.3.1 积极拓展农业生态产品的金融服务领域

生态产品常面临产权界定模糊及政策变动风险，同时农业因周期长、回报相对有限而难以吸引传统商业银行的专门信贷服务。对此，银行业可通过推出多元化理财产品，拓展绿色金融领域，提升资金投放的精准性，具体途径包括扩大绿色信贷规模、增加绿色债券发行以及完善绿色保险体系，以此加大对生态产品发展的金融支持力度。在政府层面，应出台激励措施，鼓励商业银行基于林木资产评估和林农信用评级，建立科学规范的抵押流程，促进林权抵押贷款等金融产品的有效实施。同时，为提升资金利用的有效性、降低收回的损失，需要加强林农信息档案建设。另外，为了优化资金配置、降低信贷风险，需强化林农信息档案管理，实施有效跟踪监控，确保贷款发放的精准性和效率，兼顾林农与银行的双方利益。通过这些举措，不断壮大生态产权金融支持体系，为生态产品价值的实现提供更为坚实的金融支撑。

9.3.2 积极推进绿色金融融资平台

造林项目和兴农项目，由于本身需要大量的资金投入，因此成为社会资本的理想投资对象。只要能够确保投资的收益率和资金的安全性，社会资本是乐于参与其中的。因此，应打造健康透明的融资平台，增强资金利用的可视化，使人们了解资金利用去向以及收益效果。同时，对融资平台上的所有资金参与主体进行严格审核，制定完善科学的行为规范，保障平台的健康运行，维护利益相关方的权益。政府应当制定相关政策标准，为生态产品提供明确的税费减免优惠，以此降低投资风险，吸引并利用民间资本的力量，促进社会资本的优化配置与高效流通，从而减轻资金压力，为生态产品的发展注入新的活力。这样的政策不仅有助于推动重大生态保护和污染治理项目的实施，还能鼓励更多人参与到农业发展中来。同时，通过提供充足的资金支持，可以极大地激发生态产品各领域科研人员的积极性，使他们能够更加专注于产业的高质量发展，资金和人力资源的有机结合将为生态产品价值的实现提供强有力的保障。

9.4 民众角度的建议

从生态产品的生产端到最终的消费端，都离不开最广大民众的支持，民众对生态产品的认识在一定程度上决定了生态产品建设"起点"与"终点"的成败。从生态产品建设的"起点"来看，生态产品需要一个良好的生长环境，需要农民树立正确的生产发展思想，注重环境保护，维护好生态产品的品质。同时，在"终点"处，需要正确引导消费者行为，树立绿色消费理念。

9.4.1 树立绿色消费理念

与农民关系比较近的生态产品属于农业类，农业生态产品是生态产品培育与开发的基础，与其他类型的生态产品联系密切。农业生态产品以良好的农业生态系统为依托，其价值实现涉及农民到消费者这一价值传递过程中有关联的多个利益主体，生态环境是生态产品形成的发源地，保护好生态环境就是从源头提升生态产品的生产能力。社会公众也是其中重要的一环。社会公众在推动生态产品价值实现中扮演着不可或缺的角色。通过深化公众教育，提升其环保意识，并引导其树立科学的生态生产观念，可以让农民认识到环境保护与现代经济发展之间的和谐共生关系。鼓励农民采用生态友好的生产方式，减少农业活动中的非绿色行为，不仅能促进农业的可持续发展，还能有效推动农业生态产品价值的实现。事实上，农业生产与生态保护并非相互排斥，而是相互促进。农业生态产品的独特优势在于其能够兼顾环境的可持续性和农业生产的长期效益，从而实现"绿水青山"与"金山银山"的双赢局面。相较于传统的农业产品，农业生态产品更能在生态产品的货币价值与非货币价值之间找到恰当的平衡点（王茹，2020）。

9.4.2 培育新型职业农民

由于农民自身的文化、技术、思想等局限性，与生态产品的规范化建设要求之间还存在一定的差距，不能有效地满足生态产品建设的人员使用需求。因此，为更好地推进生态产品的建设与发展，需要加强对农民的培训与指导。一方面，要积极开展专业化培训，培养有知识、懂技术的农民，提升农民的技术文化水平，增强农民对新事物的接收能力，使其在乡村建设中能够贡献自己的一份力量。另一方面，要重视对青年村干部的培养，鼓励优秀的大学毕业生回到家乡、建设家乡，用自己的所学，为乡村发展建设提供智力支持，帮助家乡脱贫致富，增强农业的发展活力，提升当地的经济发展水平。

9.4.3 增加对生态产品的消费

随着市场经济的推进，企业的生产从以产品为中心到客户需求转移，因此，需要重视市场需求。随着消费需求的不断提升，人们更加重视优质的美好生活，更加侧重于产品的品质。生态产品具有高品质、绿色的特点，生态产品价值实现作为"两山"理论的重要抓手，在绿色中国建设中扮演着十分重要的角色。不仅需要生态产品在生产、分配、交换领域实现顺利过渡，还需要一个好的消费市场。消费者要对生态产品持有鼓励、支持、包容的态度，减少对非绿色产品的使用，使得生态产品能够顺利进入市场，不断地进行试错与调整，最后能够真正达到顾客的预期，从而实现生态产品的市场价值。

9.5 媒体角度的建议

随着经济环境的不断变化、市场竞争的不断加剧，市场变得越来越错综复杂，扰乱市场秩序的一些影响因子层出不穷，"公地悲剧""搭便车"现象越来越多地出现在具有公共属性的产品身上。生态产品具有公共属性，正在面临这些困境，亟须具有社会影响力和传播度的主体进行管护。凭借传播媒介的广泛覆盖度，媒体在市场中扮演的是一个监督者和间接管理者的作用，在维护市场健康发展中发挥着不可忽视的作用。

9.5.1 披露不合规的市场行为

生态产品市场同其他市场一样，在产品进入市场的各个环节，会存在一些不合规的行为。比如，产品是否有市场准入资格、是否办理经营许可证件、产品是否得到官方认证、品牌的使用是否得到授权等，这些行为会对市场造成不同程度的干扰与影响。媒体要积极对这些不合规的行为进行报道，向市场宣传此行为的危害性，引起社会关注，并对相关法律事件进行披露，给市场行为个体予以警示和提醒，减少市场中的不正当行为，进而维护市场的秩序，使市场能够健康发展。

9.5.2 加大生态产品的市场推广

媒体作为当今社会中的主要信息载体，已经成为市场中一条重要的信息传播渠道，新闻、电视、广播、微信、微博等，作为信息的集散地，在增进大众对社会了解的过程中发挥着至关重要的作用。生态产品作为市场的新生事物，有其存在的必要性和现实性，对实现经济的高质量发展意义重大。但目前生态产品处于初步发展阶段，需要大力推广才能在市场中更好立足。一方面，媒体凭借多样化的传播渠道，采用线上线下相互配合的方式，大力开展生态产品公益宣传，用广告、视频等动态画面，生动形象地将生态产品呈现在客户眼前，使顾客能够更加切实地感受到产品的魅力。另一方面，加强生态产品相关政策的解读，传播绿色发展理念，培育绿色生态的社会氛围，引导生态绿色的生活消费方式，使社会大众形成良好的绿色消费习惯，进而刺激生态产品消费，促进生态产品进入市场。

9.6 本章小结

　　生态产品价值实现是多主体参与的过程,不同主体由于自身能力、资源的差异性,发挥着不同的作用。本章分别从政府、企业、金融机构、民众、媒体等多元主体角度提出农业生态产品价值实现的具体对策与建议,为区域发展生态经济,提升生态产业价值提供决策参考。

10 结 论

part 10

　　基于自然资源部公布的四批典型案例，本书研究了生态产品价值实现的影响因素及驱动路径，并进行了区域异质性分析，研究了不同环境下生态产品价值实现路径的差异。首先，对不同视角下的生态产品、生态产品价值实现路径的国内外研究进行梳理，归纳总结出目前国内外学者对生态产品、生态产品价值、生态产品价值测度、生态产品价值实现路径的研究集中范畴。在对现有文献进行梳理总结的基础上，得出现有研究的不足之处，进而引出本书的创新之处。其次，梳理相关文献并结合本书的研究内容，对生态产品、生态产品价值、生态产品价值实现作出概念界定，并对协同理论、利益相关者理论、生态经济理论、组态理论、价值理论进行阐述，论述相关理论在本书中所起到的理论支撑作用。再次，运用扎根理论，构建生态产品价值实现影响因素体系，并进行要素分析，在此基础上，借鉴相关学者的研究，形成生态产品价值实现效率测度体系，并使用熵值法进行计算。最后，使用模糊集定性比较分析法，通过单个变量的必要性分析、条件组态的充分性分析、稳健性检验，对生态产品价值实现路径进行研究，得出以下结论：

　　第一，生态产品价值实现影响因素体系主要由生态基础、政府治理、产业条件、外部资本、助力条件、经济能力构成，各因素对生态产品价值实现发挥着不同作用。生态基础的好坏往往反映了一个地区的生态发展潜力，政府治理为地区的生态发展提供了一个良好的环境，良好的产业条件为生态产品提供了更多机会，外部资本则为生态产品提供了重要的资本支持，经济能力的高低贯穿生态产品发展始终，为其提供物质基础，助力条件中的平台化、品牌化有助于进一步增强生态产品的市场竞争力。

　　第二，生态基础、助力条件是生态产品价值实现的必要条件。一方面，良好的生态环境是生态产品价值形成的基础，保护生态环境就是保护自然资本，另一方面，保护生态环境下的发展符合可持续发展理念，贯彻了"两山"思想。生态产品相较于其他工业品，属于新生事物，需要借助品牌化获得更大的知名度，借助平台化获得更广泛的传播，从而在市场上成长起来。

第三，各条件变量间存在协同效应，并有4条实现路径。生态产品价值实现是多种要素耦合作用的结果，并非仅依靠某个单一变量就可以实现。在协同作用下，生成了"生态产业型""全面发展型""产业助力型""助力发展型"4条生态产品价值实现路径，虽然路径不同，但都达到了提升生态产品价值实现效率的结果，即"殊途同归"。

第四，条件变量间存在潜在的等效替代关系。在生态产品价值实现路径中，并非每一个变量都在路径中存在，且并未对生态产品价值实现效率造成影响。这表明即使某个因素缺失，其他因素也会弥补这份缺失进而发挥作用。这是因为我国幅员辽阔，不同地区有着不同的资源优势，决定了生态产品价值实现路径的差异性，在区域间呈现因素的替代关系。

第五，条件变量与结果变量之间存在因果不对称性。促成生态产品价值实现效率高水平的条件组态并非生态产品价值实现效率低水平的条件组态的对立面，这是因为条件变量之间是以集合的关系对生态产品价值实现效率产生影响，单个变量会受集合内其他变量的影响，从而弱化单个变量对结果的反映。

第六，处于不同区域的生态产品，其价值实现路径具有差异性。处于东部地区的生态产品，其价值实现路径以产业条件和生态基础为主，而西部地区则以产业条件和外部资本为主。这是因为东部地区和中西部地区在自然环境条件与经济发展的基础上具有较大的差异性。东部地区是典型的"重经济轻生态"，产业实力强，为生态产品的产业化发展提供了保障，但东部地区的生态比较薄弱，需要在发展过程中，加大对环境的保护。对于中西部地区，随着我国相关政策的实施，部分产业向中西部地区迁移，其有了一定的产业发展条件，相较于东部地区，中西部地区的市场开放度不高，产品进入市场的速度受到影响，需要借助品牌化、平台化来助力生态产品的市场发展，增强生态产品的市场竞争力。

本研究尚且存在以下不足：

（1）农业生态产品种类繁多，不同种类的特点不同，并未聚焦到某一生态产品进行研究。

（2）生态产品价值实现内容复杂，其价值实现效率涉及多项研究指标，本书仅选取了30个指标从6个方面进行衡量，尚存在不足。

附　录

附录1　自然资源部办公厅印发的四批生态产品价值实现典型案例

批次	印发时间	典型案例
第一批 （共11个）	2020年4月	一、福建省厦门市五缘湾片区生态修复与综合开发案例 二、福建省南平市"森林生态银行"案例 三、重庆市拓展地票生态功能促进生态产品价值实现案例 四、重庆市森林覆盖率指标交易案例 五、浙江省余姚市梁弄镇全域土地综合整治促进生态产品价值实现案例 六、江苏省徐州市潘安湖采煤塌陷区生态修复及价值实现案例 七、山东省威海市华夏城矿坑生态修复及价值实现案例 八、江西省赣州市寻乌县山水林田湖草综合治理案例 九、云南省玉溪市抚仙湖山水林田湖草综合治理案例 十、湖北省鄂州市生态价值核算和生态补偿案例 十一、美国湿地缓解银行案例（注：本研究中剔除案例）
第二批 （共10个）	2020年10月	一、江苏省苏州市金庭镇发展"生态农文旅"促进生态产品价值实现案例 二、福建省南平市光泽县"水美经济"案例 三、河南省淅川县生态产业发展助推生态产品价值实现案例 四、湖南省常德市穿紫河生态治理与综合开发案例 五、江苏省江阴市"三进三退"护长江促进生态产品价值实现案例 六、北京市房山区史家营乡曹家坊废弃矿山生态修复及价值实现案例 七、山东省邹城市采煤塌陷地治理促进生态产品价值实现案例 八、河北省唐山市南湖采煤塌陷区生态修复及价值实现案例 九、广东省广州市花都区公益林碳普惠项目案例 十、英国基于自然资本的成本效益分析案例（注：本研究中剔除案例）
第三批 （共11个）	2021年12月	一、福建省三明市林权改革和碳汇交易促进生态产品价值实现案例 二、云南省元阳县阿者科村发展生态旅游实现人与自然和谐共生案例 三、浙江省杭州市余杭区青山村建立水基金促进市场化多元化生态保护补偿案例 四、宁夏回族自治区银川市贺兰县"稻渔空间"一二三产融合促进生态产品价值实现案例 五、吉林省抚松县发展生态产业推动生态产品价值实现案例 六、广东省南澳县"生态立岛"促进生态产品价值实现案例 七、广西壮族自治区北海市冯家江生态治理与综合开发案例

续　表

批次	印发时间	典型案例
第三批 （共11个）	2021年12月	八、海南省儋州市莲花山矿山生态修复及价值实现案例 九、德国生态账户及生态积分案例（注：本研究中剔除案例） 十、美国马里兰州马福德农场生态产品价值实现案例（注：本研究中剔除案例） 十一、澳大利亚土壤碳汇案例（注：本研究中剔除案例）
第四批 （共11个）	2023年9月	一、浙江省杭州市推动西溪湿地修复及土地储备促进湿地公园型生态产品价值实现案例 二、浙江省安吉县全域土地综合整治促进生态产品价值实现案例 三、江苏省常州市郑陆镇整理资源发展生态产业促进生态产品价值实现案例 四、福建省南平市推动武夷山国家公园生态产品价值实现案例 五、山东省东营市盐碱地生态修复及生态产品开发经营案例 六、青海省海西蒙古族藏族自治州"茶卡盐湖"发挥自然资源多重价值促进生态产业化案例 七、北京城市副中心构建城市"绿心"促进生态产品价值实现案例 八、广西壮族自治区梧州市六堡茶产业赋能增值助推生态产品价值实现案例 九、云南省文山壮族苗族自治州西畴县石漠化综合治理促进生态产品价值实现案例 十、新疆维吾尔自治区伊犁哈萨克自治州伊宁县天山花海一二三产融合促进生态产品价值实现案例 十一、澳大利亚新南威尔士州生物多样性补偿案例（注：本研究中剔除案例）

附录2　开放式编码表

序号	案例名称	相关资料	开放式编码
1	福建省厦门市	厦门市五缘湾片区位于厦门岛东北部,规划面积为10.76平方千米,涉及5个行政村,村民主要以农业种植、渔业养殖、盐场经营为主……2002年,按照时任福建省省长习近平同志关于"提升本岛、跨岛发展"的要求,厦门市委、市政府启动了五缘湾片区生态修复与综合开发工作 由市土地发展中心代表市政府作为业主单位,负责片区规划设计、土地收储和资金筹措等工作,联合市路桥集团等建设单位,整体推进环境治理、生态修复和综合开发,实施生态修复保护工程。以提高海湾水体交换动力为目标,拆除内湾海堤,开展退塘还海、内湾清淤和外湾清礁疏浚 推进片区公共设施建设和综合开发。以储备土地为基础,全面推进五缘湾片区综合开发,为提升人居环境和实现生态产品价值奠定基础。完善交通基础设施,建成墩上等4个公交场站、环湖里大道等7条城市主干道、五缘大桥等5座跨湾大桥,使湾区两岸实现互联互通。建成10所公办学校、3家三级公立医院、10处文化体育场馆、2个大型保障性住房项目,加强科教文卫体等配套设施建设 建成厦门国际游艇汇、五缘湾帆船港等高端文旅设施和湾悦城等多家商业综合体,吸引凯悦、喜来登、希尔顿等高端酒店和戴尔、恒安、乔丹等300多家知名企业落户 2019年片区内财政总收入较2003年增加37.7亿元左右,占本岛财政总收入的比重从3.7%增长到8.3%;2019年城镇居民人均可支配收入达到6.7万元,较2003年增长了约5倍	1-1厦门市五缘湾片区位于厦门岛东北部,规划面积为10.76平方千米,涉及5个行政村 1-2厦门市委、市政府启动了五缘湾片区生态修复与综合开发工作 1-3政府负责片区规划设计、土地收储和资金筹措等工作 1-4实施生态修复保护工程 1-5推进片区公共设施建设和综合开发。 1-6吸引300多家知名企业落户 1-7城镇居民年人均可支配收入达到6.7万元,较2003年增长了约5倍
2	福建省南平市	福建省南平市自然资源丰富、生态环境优美,森林覆盖率达到78.29%,林木蓄积量占福建省的1/3,被誉为地球同纬度生态环境最好的地区之一 南平市从2018年开始,选择林业资源丰富但分散化程度高的顺昌县开展"森林生态银行"试点,借鉴商业银行"分散化输入、整体化输出"的模式,构建"生态银行"这一自然资源管理、开发和运营的平台,对碎片化的资源进行集中收储和整合优化	2-1福建省南平市自然资源丰富、生态环境优美,森林覆盖率达到78.29% 2-2构建"生态银行"这一自然资源管理、开发和运营的平台

序号	案例名称	相关资料	开放式编码
2	福建省南平市	政府主导，设计和建立"森林生态银行"运行机制。按照"政府主导、农户参与、市场运作、企业主体"的原则，由顺昌县国有林场控股、8个基层国有林场参股，成立福建省绿昌林业资源运营有限公司，注册资本金为3 000万元，作为顺昌"森林生态银行"的市场化运营主体 对全县林地分布、森林质量、保护等级、林地权属等进行调查摸底，并进行确权登记，明确产权主体、划清产权界线，形成全县林地"一张网、一张图、一个库"数据库管理 开展规模化、专业化和产业化开发运营，实现生态资本增值收益……引进实施FSC国际森林认证，规范传统林区经营管理，为森林加工产品出口欧美市场提供支持 积极发展木材经营、竹木加工、林下经济、森林康养等"林业+"产业，建设杉木林、油茶、毛竹、林下中药、花卉苗木、森林康养等6大基地，推动林业产业多元化发展。"森林生态银行"通过建立自然资源运营管理平台，对零散的生态资源进行整合和提升，并引入社会资本和专业运营商，从而将资源转变成资产和资本	2-3 政府主导，设计和建立"森林生态银行"运行机制 2-4 由顺昌县国有林场控股、8个基层国有林场参股，成立福建省绿昌林业资源运营有限公司 2-5 形成全县林地"一张网、一张图、一个库"数据库管理 2-6 开展规模化、专业化和产业化开发运营 2-7 积极发展木材经营、竹木加工、林下经济、森林康养等"林业+"产业 2-8 引入社会资本和专业运营商，从而将资源转变成资产和资本
3	重庆市	2008年开始，重庆探索开展了地票改革试验，通过将农村闲置、废弃的建设用地复垦为耕地等农用地，腾出的建设用地指标经公开交易后形成地票，用于重庆市为新增经营性建设用地办理农用地转用等。地票制度及其市场化交易机制的建立，在促进耕地保护、盘活全市农村闲置资源、拓宽农民增收渠道、推动城乡融合发展等方面发挥了积极作用 2018年，重庆市印发了《关于拓展地票生态功能　促进生态修复的意见》，将地票制度中的复垦类型从单一的耕地，拓展为耕地、林地、草地等类型，将更多的资源和资本引导到自然生态保护与修复上 因地制宜实施复垦。按照"生态优先、实事求是、农户自愿、因地制宜"的原则实施复垦，宜耕则耕、宜林则林、宜草则草。在重要饮用水水源保护区、生态保护红线区等重点生态功能区以及地质灾害点、已退耕还林区域、地形坡度大于25度区域、易地扶贫搬迁迁出区等不适宜复垦为耕地的区域，主要引导复垦为林地、草地等具有生态功能的农用地	3-1 重庆探索开展了地票改革试验 3-2 地票制度及其市场化交易机制的建立，在促进耕地保护、盘活全市农村闲置资源、拓宽农民增收渠道、推动城乡融合发展等方面发挥了积极作用 3-3 2018年，重庆市印发了《关于拓展地票生态功能促进生态修复的意见》 3-4 按照"生态优先、实事求是、农户自愿、因地制宜"的原则实施复垦，宜耕则耕、宜林则林、宜草则草

序号	案例名称	相关资料	开放式编码
3	重庆市	提高了"三农"财产性收入。地票制度在增加农民财产性收入、城乡融合发展、脱贫攻坚等方面发挥了积极作用。截至2019年底，重庆市约有7 600个农村集体经济组织参与了地票交易，累计获得集体地票收益150余亿元，农户获得地票收益约330亿元；全市累计交易贫困区县地票21.98万亩，实现收益430.48亿元，占同期全市地票交易量的72.4%；累计有13.63万个进城落户居民家庭选择以地票方式变现财产权，实现了"地随人走、带着财产进城"	3-5 累计获得集体地票收益150余亿元，农户获得地票收益约330亿元；全市累计交易贫困区县地票21.98万亩，实现收益430.48亿元，占同期全市地票交易量的72.4%；累计有13.63万个进城落户居民家庭选择以地票方式变现财产权
4	重庆市	为筑牢长江上游重要生态屏障，加快建设山清水秀美丽之地，推动城乡自然资本增值，重庆市2018年印发了《国土绿化提升行动实施方案（2018—2020年）》，提出到2022年全市森林覆盖率从45.4%提升到55%，2018—2020年计划完成营造林1 700万亩。为了促使各区县切实履行职责，重庆市将森林覆盖率作为约束性指标，对每个区县进行统一考核，明确各地政府的主体责任。同时，考虑各区县自然条件不同、发展定位各异、部分区县国土绿化空间有限等实际，印发了《重庆市实施横向生态补偿　提高森林覆盖率工作方案（试行）》 构建平台，自愿交易。构建基于森林覆盖率指标的交易平台，对达到森林覆盖率目标值确有实际困难的区县，允许其在重庆市域内向森林覆盖率已超过目标值的区县购买森林面积指标，计入本区县森林覆盖率 重庆市森林覆盖率指标交易过程中，主要的生态产品是森林资源及其提供的水源涵养、固碳释氧、净化空气等生态系统服务。政府通过设置森林覆盖率这一约束性指标和相应的管控措施，形成了森林覆盖率达标地区和不达标地区之间的交易需求，并建立了完整的市场交易循环和清晰的各方权责：市林业部门负责拟订森林覆盖率目标，提供技术支撑、指导考核和监测监督，负责建立交易平台和创造交易需求	4-1 为筑牢长江上游重要生态屏障，加快建设山清水秀美丽之地，推动城乡自然资本增值 4-2 重庆市2018年印发了《国土绿化提升行动实施方案（2018—2020年）》，提出到2022年全市森林覆盖率从45.4%提升到55% 4-3 为了促使各区县切实履行职责，重庆市将森林覆盖率作为约束性指标，对每个区县进行统一考核，明确各地政府的主体责任 4-4 构建基于森林覆盖率指标的交易平台 4-5 提供技术支撑、指导考核和监测监督，负责建立交易平台和创造交易需求

序号	案例名称	相关资料	开放式编码
5	浙江省余姚市梁弄镇	浙江省余姚市梁弄镇位于浙江省东部四明山麓，曾是浙东四明山抗日根据地的指挥中心，被誉为"浙东延安"。因地处山区、交通不便，梁弄镇长期以来产业薄弱、发展落后。近年来，该镇以推进全域土地综合整治为抓手，逐步构建了集中连片、产业融合、生态宜居、集约高效的国土空间新格局，促进了生产、生活、生态空间的统筹协调 以"一个规划"为统领，优化生态产品价值实现的空间布局。全面调查镇域空间用地现状，以国土空间规划为统领，精心编制梁弄镇全域土地综合整治实施方案，全域规划和优化生产、生活、生态空间，全域设计生态业态、文态、形态的保护提升，全域布局农地整理、耕地垦造、村庄迁合、产业进退和生态治理等整治工程，全镇划入生态保护红线的面积为8.38万亩 梁弄镇坚持"绿水青山就是金山银山"的理念，依托全域土地综合整治，加大对自然生态系统的恢复和保护力度，着力提升国土空间生态效益，探索出一条增加生态产品、支撑美丽乡村建设、促进城乡融合发展的"一石多鸟"新路子 余姚市成立了联席会议机制，建立"党政主导、村居主体、社会参与、一体联动"的工作机制，着力搭建"多个渠道引水、一个龙头放水"的要素统合平台，聚合资金、政策和土地等各类发展要素，积极引导村民和市场主体参与生态产业发展和美丽乡村建设 依托丰富的绿色生态资源和深厚的红色文化底蕴，梁弄镇积极发展红色教育培训、生态旅游、会展、民宿等"绿色＋红色"产业，吸引游客"进入式消费"，充分显化了"绿色"生态产品和"红色"文化资源的价值 促进了农民就业增收，实现了"绿水青山"的综合效益。梁弄镇通过将生态优势转化为经济优势，带动了农村集体经济发展和村民就业增收，全镇经济水平持续提升，实现了"绿水青山"的综合效益。凭借"好山好水好生态"，梁弄镇积极发展矿泉水产业，吸引浙江百岁山食品饮料公司投资建设百岁山矿泉水项目，2019年实现产值2.5亿元，上缴税收5 600多万元，为当地提供就业岗位100余个。借助全域土地综合整治成果发展现代农业，建成了40余个水果采摘基地，总面积达到3 500亩，水果采摘季的日均客流量达到3 000人次，2019年共吸引采摘游客50万人次，帮助村民户均增收1万元以上	5-1 浙江省余姚市梁弄镇位于浙江省东部四明山麓 5-2 近年来，该镇以推进全域土地综合整治为抓手，逐步构建了集中连片、产业融合、生态宜居、集约高效的国土空间新格局 5-3 以"一个规划"为统领，优化生态产品价值实现的空间布局 5-4 梁弄镇坚持"绿水青山就是金山银山"的理念，依托全域土地综合整治，加大对自然生态系统的恢复和保护力度，着力提升国土空间生态效益 5-5 着力搭建"多个渠道引水、一个龙头放水"的要素统合平台 5-6 积极发展红色教育培训、生态旅游、会展、民宿等"绿色＋红色"产业 5-7 促进了农民就业增收，实现了"绿水青山"的综合效益

多元主体协同视角下农业生态产品价值实现研究

续　表

序号	案例名称	相关资料	开放式编码
5	浙江省余姚市梁弄镇	"生态＋产业"的发展模式，让梁弄镇基本实现了村民就近就业创业、增收致富，农村集体经济发展的内生动力明显增强。2019年，全镇实现农村经济总收入60.5亿元，同比增长6.6%；农村居民人均可支配收入35 028元，同比增长14.8%；村集体经济增收2 500多万元，走出了一条经济、社会和生态协调发展之路	
6	江苏省徐州市	江苏省徐州市贾汪区因煤而立，但由于长期高强度的开采，土地资源和生态环境都遭受了严重破坏，最严重的潘安湖地区塌陷面积达到11.6平方千米，涉及潘安、权台、马庄等6个村庄 2010年以来，徐州市以"矿地融合"的理念推进潘安湖采煤塌陷区生态修复，将千疮百孔的塌陷区建设成湖阔景美的国家湿地公园，并带动了区域产业转型升级与乡村振兴，维护了土地所有者权益，推动了生态产品供给增加和价值的充分实现 对塌陷区内139公顷的集体建设用地及规划挖低土地实施征收，对155公顷徐矿集团闲置土地进行收购储备，盘活用于新产业发展用地。运用城乡建设用地增减挂钩、土地复垦等政策，异地建设安置房约35万平方米，保障塌陷区内居民的搬迁安置 按照"多规合一"的要求，统筹考虑区域内矿产、土地、水等资源管理和接续产业发展、新农村建设等，科学规划潘安湖塌陷区生态修复和后续产业发展，按照"宜农则农、宜水则水、宜游则游、宜生态则生态"的原则，创新"基本农田整理、采煤塌陷地复垦、生态环境修复、湿地恢复再造"四位一体的修复模式，规划建设"中国最美乡村湿地" 以潘安湖国家4A级湿地公园建设为核心，融合马庄香包文化、潘安文化等地区传统文化，引入专业化管理和市场化经营团队，打造了潘安湖湿地公园、潘安古镇、马庄香包非物质文化等旅游品牌 随着生态环境的改善，潘安湖周边村庄由原来大多以煤为生，转变为依靠生态旅游开展多种经营，逐步形成了旅游、文化、餐饮、民宿、景区服务、绿化等产业，带动了"生态＋旅游""生态＋文化"等多种产业形态共同发展。比如，毗邻潘安湖的马庄村，集中发展潘安湖景区四大板块之一的"民俗文化"体验板块，村内香包手工制作被确定为国家级非物质文化遗产，年销售额2 000余万元，带动村民创业就业、增收致富	6-1 江苏省徐州市贾汪区因煤而立 6-2 徐州市以"矿地融合"的理念推进潘安湖采煤塌陷区生态修复，将千疮百孔的塌陷区建设成湖阔景美的国家湿地公园 6-3 运用城乡建设用地增减挂钩、土地复垦等政策，异地建设安置房约35万平方米，保障塌陷区内居民的搬迁安置 6-4 创新"基本农田整理、采煤塌陷地复垦、生态环境修复、湿地恢复再造"四位一体的修复模式 6-5 引入专业化管理和市场化经营团队，打造了潘安湖湿地公园、潘安古镇、马庄香包非物质文化等旅游品牌 6-6 逐步形成了旅游、文化、餐饮、民宿、景区服务、绿化等产业，带动了"生态＋旅游""生态＋文化"等多种产业形态共同发展 6-7 年销售额2 000余万元，带动村民创业就业、增收致富

序号	案例名称	相关资料	开放式编码
7	山东省威海市	山东省威海市华夏城景区位于里口山脉南端的龙山区域，原有生态环境良好，风光秀丽 2003年开始，威海市采取"政府引导、企业参与、多资本融合"的模式，对龙山区域开展生态修复治理，由威海市华夏集团先后投资51.6亿元，持续开展矿坑生态修复和旅游景区建设，探索生态修复、产业发展与生态产品价值实现"一体规划、一体实施、一体见效" 2003年，威海市委、市政府确立了"生态威海"发展战略，把关停龙山区域采石场和修复矿坑摆在突出位置，将矿区调整规划为文化旅游控制区，同时引入有修复意愿的威海市华夏集团作为区域修复治理的主体 开展矿坑生态修复，将矿坑废墟恢复为绿水青山。华夏集团根据山体的受损情况，以达到最佳生态恢复效果为原则，分类开展受损山体综合治理和矿坑生态修复。通过土方回填、修复山体，针对威海市降水较少、矿坑断面高等实际情况，采用难度大、成本高的"拉土回填"方式填埋矿坑、修复受损山体，最大程度地减少发生地质灾害的风险，恢复自然生态原貌。通过修建隧道、改善交通，针对部分山体被双面开采，山体破损极其严重、难以修复的情况，经充分论证，规划建设隧道，隧道上方覆土绿化、恢复植被。通过拦堤筑坝、储蓄水源，对于开采最为严重的矿坑，采用黄泥包底的原始工艺，修筑了35个大小塘坝，经天然蓄水、自然渗漏后形成水系，为景区内部分景点和植被灌溉提供了水源，改善了局部生态环境。通过栽植树木、恢复生态，在填土治理矿坑的同时进行绿化，因地制宜地栽植雪松、黑松、刺槐、柳树等各类树木200余种，恢复绿水青山、四季有绿的生态原貌。 依据山势建了1.6万平方米的生态文明展馆，采用"新奇特"技术手段，将观展与体验相结合，集中展现华夏城的生态修复过程和成效，让游客身临其境、亲身感受"绿水青山就是金山银山"的理念 华夏集团通过"生态＋文旅产业"的模式，让生态产品的价值得到充分显现。截至2019年底，华夏城景区累计接待游客近2 000万人次，景区年收入达到2.3亿元，近5年累计缴税1.16亿元。随着生态环境的显著改善和华夏城景区的建成开放，带动了周边区域的土地增值，其中住宅用地的市场交易价格从2011年最低的58万元/亩增长到2019年的494万元/亩，实现了生态产品价值的外溢	7-1 山东省威海市华夏城景区位于里口山脉南端的龙山区域 7-2 由威海市华夏集团先后投资51.6亿元，持续开展矿坑生态修复和旅游景区建设 7-3 威海市委、市政府确立了"生态威海"发展战略，把关停龙山区域采石场和修复矿坑摆在突出位置 7-4 开展矿坑生态修复，将矿坑废墟恢复为绿水青山 7-5 采用"新奇特"技术手段，将观展与体验相结合，集中展现华夏城的生态修复过程和成效 7-6 通过"生态＋文旅产业"的模式，让生态产品的价值得到充分显现 7-7 吸纳周边居民创业就业1万余人，周边13个村的村集体经济收入年均增长率达到14.8%，实现了生态效益、经济效益和社会效益的有机统一

序号	案例名称	相关资料	开放式编码
7	山东省威海市	华夏城景区共吸纳周边居民 1 000 余人就业，人均年收入约 4 万元；带动了周边区域酒店、餐饮和零售业等服务业的快速发展，新增酒店客房约 4 170 间，新增餐饮等店铺约 2 000 家，吸纳周边居民创业就业 1 万余人，周边 13 个村的村集体经济收入年均增长率达到 14.8%，实现了生态效益、经济效益和社会效益的有机统一	
8	江西省赣州市	江西省赣州市寻乌县是赣江、东江、韩江三江发源地，属于南方生态屏障的重要组成部分和全国重点生态功能区，也是毛泽东同志 1930 年开展"寻乌调查"的地方。 近年来，寻乌县坚持"生态立县，绿色崛起"的发展战略，推进山水林田湖草生态保护修复，先后开展了文峰乡石排、柯树塘及涵水片区 3 个废弃矿山综合治理与生态修复工程 寻乌县坚持规划先行、高位推进，编制了《寻乌县山水林田湖项目修建性详细规划》和《项目实施方案》等指导文件，专门成立了县山水林田湖项目办公室，确保项目实施有规可依、有章可循 统筹各类项目资金，在山水林田湖草生态保护修复资金的基础上，整合国家生态功能区转移支付、东江上下游横向生态补偿、低质低效林改造等各类财政资金 7.11 亿元；由县财政出资、联合其他合作银行筹措资金成立生态基金，积极引入社会投资 2.44 亿元，确保项目推进"加速度" 寻乌县创新实践了"三同治"模式：山上山下同治，在山上实施边坡修复、沉沙排水、植被复绿等治理措施，在山下填筑沟壑、兴建生态挡墙、截排水沟，消除矿山崩岗、滑坡等地质灾害隐患，控制水土流失；地上地下同治，地上通过客土置换、增施有机肥等措施改良土壤，平整后开展光伏发电或种植油茶等经济作物，山坡坡面采取穴播、喷播等多种形式恢复植被，地下采用截水墙、高压旋喷桩等工艺将地下污染水体引流至地面生态水塘、人工湿地进行污染治理；流域上下同治，在上游稳沙治土、恢复植被，减少稀土尾沙、水质氨氮等污染源头，在下游建设梯级人工湿地、水终端处理设施等水质综合治理系统，实现水质末端控制和全流域稳定有效治理 推进"生态＋"发展模式。寻乌县在推进山水林田湖草综合治理与生态修复的同时，积极探索生态发展道路，促进生态产品价值实现。发展"生态＋工业"，利用治	8-1 江西省赣州市寻乌县是赣江、东江、韩江三江发源地 8-2 寻乌县坚持"生态立县，绿色崛起"的发展战略，推进山水林田湖草生态保护修复 8-3 编制了《寻乌县山水林田湖草项目修建性详细规划》和《项目实施方案》等指导文件，专门成立了县山水林田湖草项目办公室 8-4 由县财政出资、联合其他合作银行筹措资金成立生态基金，积极引入社会投资 2.44 亿元，确保项目推进"加速度" 8-5 寻乌县创新实践了"三同治"模式 8-6 推进"生态＋"发展模式。寻乌县在推进山水林田湖草综合治理与生态修复的同时，积极探索生态发展道路，促进生态产品价值实现 8-7 引进入驻企业 30 家，新增就业岗位 3 371 个，直接经济效益 1.05 亿元以上。经营收入超过 1 000 万元，带动了周边村民收入增长，推动了生态产品价值实现

序号	案例名称	相关资料	开放式编码
8	江西省赣州市	理后的 7 000 亩存量工矿废弃地建设工业园区，解决寻乌县工业用地紧张的难题，实现"变废为园"；实施"生态＋光伏"，通过引进社会资本，在石排村、上甲村等治理区建设总装机容量 35 兆瓦的光伏发电站，实现"变荒为电"；推进"生态＋扶贫"，综合开发矿区周边土地，建设高标准农田 1 800 多亩，利用矿区修复土地种植油茶等经济作物 5 600 多亩，既改善了生态环境，又促进了农民增收，实现"变沙为油"；开展"生态＋旅游"，将修复治理区与青龙岩旅游风景区连为一体，新建自行车赛道 14.5 千米、步行道 1.2 千米 利用综合整治后的存量工业用地，建成了寻乌县工业用地平台，引进入驻企业 30 家，新增就业岗位 3 371 个，直接经济效益 1.05 亿元以上。通过"生态＋光伏"，实现项目年发电量 3 875 万千瓦时，年经营收入达 3 970 万元，项目区贫困户通过土地流转、务工就业等获益。通过"生态＋扶贫"，建设高标准农田 1 800 多亩，利用修复后的 5 600 多亩土地种植油茶树、百香果等经济作物，极大地改善了当地居民的生活环境和耕种环境，年经济收入达到 2 300 万元。通过促进"生态＋旅游"，实现"绿""游"融合发展，年接待游客约 10 万人次，经营收入超过 1 000 万元，带动了周边村民收入增长，推动了生态产品价值实现	
9	云南省玉溪市	云南省玉溪市抚仙湖是珠江源头的第一大湖，也是我国内陆湖中蓄水量最大的深水型淡水湖泊 2017 年开始，抚仙湖地区被纳入全国山水林田湖草生态保护修复工程试点，省、市、县各级党委政府坚持"节约优先、保护优先、自然恢复为主"的方针，围绕突出问题，推动抚仙湖流域整体保护、系统修复和综合治理，探索生态产品价值实现机制，取得了积极成效 玉溪市按照"共抓大保护、不搞大开发"的战略导向，坚持以水定城、以水定产、以水定人，在整合原有多项规划的基础上，发挥国土空间规划的引领作用，编制了抚仙湖保护和开发利用总体规划 推动国土空间生态修复工程。通过实施修山扩林工程，加大磷矿废弃地修复和矿山磷流失控制力度，减少流域磷污染负荷。实施调田节水工程，推广清洁农业、水肥一体化施肥及高效节水灌溉技术，减少施肥量、农田	9-1 云南省玉溪市抚仙湖是珠江源头的第一大湖 9-2 省、市、县各级党委政府坚持"节约优先、保护优先、自然恢复为主"的方针，围绕突出问题，推动抚仙湖流域整体保护、系统修复和综合治理 9-3 玉溪市按照"共抓大保护、不搞大开发"的战略导向，坚持以水定城、以水定产、以水定人

序号	案例名称	相关资料	开放式编码
9	云南省玉溪市	用水量和排水量。实施治湖保水工程，加大对水源涵养林的保护和库塘湿地修复，提高植被覆盖率和保护生物多样性。实施控污治河工程，开展农村截污、治污，削减污染负荷和提高水资源利用率。实施生境修复工程，对湖内水体保育和土著鱼类进行保护，通过维护湖内生态系统，提高湖泊水环境质量 打造集"医、学、研、康、养、旅"为一体的综合产业集群，推动生态文化旅游产业持续发展，群众生产生活方式由农业劳动向旅游服务转变	9-4 推动国土空间生态修复工程 9-5 打造集"医、学、研、康、养、旅"为一体的综合产业集群，推动生态文化旅游产业持续发展
10	湖北省鄂州市	鄂州市位于湖北省东部、长江中游南岸，拥有湖泊133个、水域面积65万亩，是著名的"百湖之市"，境内的梁子湖被誉为全国十大名湖之一 为深入推进生态文明建设，践行"绿水青山就是金山银山"理念，鄂州市近年来坚持生态优先、绿色发展，以湖北省首批自然资源资产负债表和领导干部自然资源资产离任审计试点为契机，实施鄂州市生态价值工程，在生态价值计量、生态补偿、生态资产融资、生态价值目标考核等方面开展制度设计和实践探索，取得了良好成效 鄂州市制定了《关于建立健全生态保护补偿机制的实施意见》等制度，按照政府主导、各方参与、循序渐进的原则，在实际测算的生态服务价值基础上，先期按照20%权重进行三区之间的横向生态补偿，逐年增大权比例，直至体现全部生态服务价值 梁子湖区还利用优美生态环境和毗邻武汉等优势，重点发展有机农业、乡村旅游等生态产业，在保护生态的同时带动了村民增收致富	10-1 鄂州市位于湖北省东部、长江中游南岸 10-2 鄂州市近年来坚持生态优先、绿色发展，以湖北省首批自然资源资产负债表和领导干部自然资源资产离任审计试点为契机，实施鄂州市生态价值工程 10-3 鄂州市制定了《关于建立健全生态保护补偿机制的实施意见》等制度， 10-4 利用优美生态环境和毗邻武汉等优势，重点发展有机农业、乡村旅游等生态产业 10-5 在保护生态的同时带动了村民增收致富
11	江苏省苏州市	苏州市吴中区金庭镇地处太湖中心区域，距离苏州主城区约40千米，拥有中国淡水湖泊中最大的岛屿西山岛 近年来，金庭镇坚持生态优先、绿色发展的理念，按照"环太湖生态文旅带"的全域定位，依托丰富的自然资源资产和深厚的历史文化底蕴，积极实施生态环境综合整治，推动传统农业产业转型升级为绿色发展的生态产业，打造"生态农文旅"模式 按照"宜农则农、宜渔则渔、宜林则林、宜耕则耕、宜生态则生态"的原则，通过拆旧复垦、高标准农田建设、生态修复等方式，整治各类低效用地798.2亩，增加了生态空间和农业生产空间，实现了耕地集中连片、建设	11-1 苏州市吴中区金庭镇地处太湖中心区域 11-2 近年来，金庭镇坚持生态优先、绿色发展的理念，按照"环太湖生态文旅带"的全域定位，积极实施生态环境综合整治

序号	案例名称	相关资料	开放式编码
11	江苏省苏州市	用地减量提质发展、生态用地比例增加，获得的空间规模、新增建设用地、占补平衡等指标用于全镇公共基础设施建设和吴中区重点开发区域使用，土地增减挂钩收益用于金庭镇生态保护、修复和补齐民生短板 严格落实主体监管责任，从源头上保护太湖；对太湖沿岸 3 千米范围内所有养殖池塘进行改造，落实养殖尾水达标排放和循环利用；建立严密的监控体系、实行严格的环保标准，防止水源污染；对宕口底部进行清淤和平整，修建生态驳岸和滚水坝，修复水生态。在"陆"方面，以土地综合整治为抓手，推进山水林田湖草系统修复和治理。完成消夏湾近 3 000 亩鱼塘整治和农田复垦，建设高标准农田用于发展现代高效农业和农业观光旅游；对镇区西南部的废弃工矿用地开展生态修复，打造景色怡人的"花海"生态园；系统治理受损的矿坑塌陷区，就近引入水系，加强植被抚育，恢复自然生态系统 2010 年，苏州市制定了《关于建立生态补偿机制的意见（试行）》，在全国率先建立生态补偿机制。2014 年，在全国率先以地方性法规的形式制定了《苏州市生态补偿条例》，推动政府购买公共性生态产品，实现"谁保护、谁受益"。建立"生态农文旅"模式，实现生态产业化经营和市场化价值实现。金庭镇依托特殊的地理区位、丰富的自然资源和深厚的历史文化底蕴，建立"生态农文旅"模式，推动生态产业化经营 提升生态文化内涵，助推"绿色平台变生态品牌"。积极宣传"消夏渔歌""十番锣鼓"等非物质文化遗产的传承保护，推进全域生态文化旅游，形成了丽舍、香樟小院等一批精品民宿品牌，通过游客的"进入式消费"实现生态产品的增值溢价 金庭镇国内生产总值达到 24.93 亿元，同比增长 6.10%。其中，服务业占比近 80%，服务业增加值达到 19.75 亿元，同比增长 7%。全镇 2019 年新增就业岗位 647 个，同比增长 39.7%；农民人均年纯收入达到 26 573 元，同比增长 6.2%。依托"生态农文旅"模式，生态产品价值融入一二三产业发展中 "绿色平台变生态品牌"，随着"生态农文旅"模式的建立，港中旅、亚视、南峰等投资集团纷至沓来，2017 年"阿里巴巴太极禅苑文化驿栈"正式落户金庭镇，2020 年美国汉舍集团投资的"汉舍"项目全面启动，"自然、绿色、生态"成为金庭镇最响亮的名片	11-3 获得的空间规模、新增建设用地、占补平衡等指标用于全镇公共基础设施建设和吴中区重点开发区域使用 11-4 开展生态修复 11-5 制定了《关于建立生态补偿机制的意见（试行）》，制定了《苏州市生态补偿条例》 11-6 建立"生态农文旅"模式，推动生态产业化经营 11-7 形成了丽舍、香樟小院等一批精品民宿品牌 11-8 全镇 2019 年新增就业岗位 647 个，同比增长 39.7%；农民人均年纯收入达到 26 573 元，同比增长 6.2% 11-9 港中旅、亚视、南峰等投资集团纷至沓来，2017 年"阿里巴巴太极禅苑文化驿栈"正式落户金庭镇，2020 年美国汉舍集团投资的"汉舍"项目全面启动

序号	案例名称	相关资料	开放式编码
12	福建省南平市光泽县	光泽县位于福建省西北部、武夷山脉北段、闽江上游富屯溪源头，是国家级生态县、国家生态文明建设示范县，全县水资源丰富 为了在守护青山绿水的同时，从根本上改变水资源分散、开发规模小、效益低的制约，光泽县积极发展"水美经济"，通过植树造林、产业调整、污染治理，精心绘制全域水美生态图景，涵养优质水资源；搭建"水生态银行"运营平台，对水资源生产要素进行市场化配置，引入社会化资本，积极发展包装水、绿色种植和养殖、涉水休闲康养等生态产业；通过创新绿水维护补偿考核等制度保障，将现实的保护效益和资源优势转化为实实在在的经济效益，走出一条水生态产品价值实现的有效路径。 加强以城乡水系为网络的自然生态廊道建设，实施"水美城市"建设，推进河道清淤整治和河流水系修复，强化自然生态保护和城乡绿色景观建设。保育和修复山区生态环境，严格控制浅山区开发，禁止随意破坏山体、毁坏植被，同时加大造林绿化力度，年培育造林1万亩。 推进"无废城市"试点，积极探索固体废物源头减量、无害化处置技术，启动14个垃圾分类试点村，推行"户分类、村收集、乡转运、县处理"的运行模式，创新建设小型湿垃圾无害化处理设施，将农村湿垃圾经发酵后生产的有机肥用于农业种植，实现农药化肥减量化，推动水质净化和优质水源涵养 引入社会资本，全力打造水生态全产业链。依托水生态银行，引入产业投资方和运营商，通过股权合作、委托经营等方式，对水资源进行系统性的产业规划和开发运营，推动形成绿色发展的水生态产品全产业链 充分利用武夷山"双世遗"品牌影响力，通过统一质量标准、统一产品检验检测、统一宣传运营，打造"武夷山水"地区公用品牌，突出水资源原产地的生态优势，加强品牌认证和市场营销推介。授权"武夷山"包装水等23家企业使用"武夷山水"标识，并向农产品等领域推广拓展。全县现有无公害农产品17个、绿色食品6个、农产品地理标志2个、农产品有机认证2个、地理标志证明商标5件、中国驰名商标1件 全县旅游经济保持较快增长，全年共接待游客124.62万人次，同比增长26.1%，旅游总收入13.17亿元，同比增长35.2%；全县形成了总产值约139亿元的水生态产品产业集群，共带动2.1万人稳定就业，占全县人口总数的15.2%	12-1 光泽县位于福建省西北部 12-2 泽县积极发展"水美经济"，通过植树造林、产业调整、污染治理，精心绘制全域水美生态图景 12-3 搭建"水生态银行"运营平台 12-4 创新绿水维护补偿考核等制度保障 12-5 推进河道清淤整治和河流水系修复，保育和修复山区生态环境 12-6 启动14个垃圾分类试点村，推行"户分类、村收集、乡转运、县处理"的运行模式，创新建设小型湿垃圾无害化处理设施 12-7 引入社会资本，全力打造水生态全产业链 12-8 建设公用品牌，促进水生态价值经济溢价 12-9 全县形成了总产值约139亿元的水生态产品产业集群 12-10 全年旅游总收入13.17亿元，同比增长35.2%

序号	案例名称	相关资料	开放式编码
13	河南省淅川县	淅川县地处河南省西南部、豫鄂陕三省结合部，是南水北调中线工程核心水源区和渠首所在地 面对保护水源地水质和脱贫攻坚两大任务，淅川县近年来坚持生态优先、绿色发展，持之以恒推进库周生态建设，积极发展生态产业，围绕最优质的生态资源选项目，努力把生态优势转化为产业优势，2019年实现了全县脱贫摘帽 通过移土培肥、梯田建设、土地整治等措施，提升和改造耕地52.94万亩，通过种植金银花等完成生态护坡1.23万亩，生态化治理库区周边土地，保护和维持库区自然生态系统稳定性。以全域治理维护生态环境。结合石漠化治理、国家储备林建设等，全面推进环丹江口水库生态隔离带建设 以监控监管织密生态屏障。以数字化监控平台为载体，组建水上、林间、乡村环保监控体系，始终保持对破坏生态、污染环境行为的高压态势，确保丹江口水库的水安全运行 通过政策奖励扶持、延伸资源产业链、推进绿色农业认定等措施，大力发展符合本地实际的生态农业 深入推进"生态立县"战略，着力构建生态农业、绿色工业、生态旅游等促进生态产品价值实现的产业体系 培育生态产品区域公用品牌。构建了以"淅有山川"为代表的区域公用品牌体系。升级农产品溯源体系，制定生态产品质量认证管理办法 生态产业发展初具规模，实现渠首软籽石榴亩均收益1.5万元，杏李亩均收益6 000余元，油用牡丹产业带动务工群众人均增收7 000元以上，乡村旅游从业者人均增收5 000元以上。2019年，淅川县顺利实现脱贫摘帽，贫困人口由2015年的10.66%降至2%以下，农民人均可支配收入达到11 094元	13-1 淅川县地处河南省西南部、豫鄂陕三省结合部 13-2 淅川县近年来坚持生态优先、绿色发展，持之以恒推进库周生态建设，积极发展生态产业 13-3 以全域治理维护生态环境 13-4 以数字化监控平台为载体，组建水上、林间、乡村环保监控体系 13-5 通过政策奖励扶持、延伸资源产业链 13-6 着力构建生态农业、绿色工业、生态旅游等促进生态产品价值实现的产业体系 13-7 培育生态产品区域公用品牌 13-8 淅川县顺利实现脱贫摘帽，贫困人口由2015年的10.66%降至2%以下，农民人均可支配收入达到11 094元
14	湖南省常德市	穿紫河是流经常德市城区的一条千年古运河，全长17.3千米，流域面积27.97平方千米。1952年，穿紫河因水系改造被迫切断水源补给，变成了无法自净的"断头河"。为治理穿紫河日益恶化的生态环境，提高流域生态产品供给能力，促进城市经济发展和生态保护的良性循环，常德市政府启动了穿紫河生态修复治理工作，开展了中欧合作的穿紫河流域海绵城市"水生态、水安全、水环境、水文化、水资源"五位一体建设	14-1 穿紫河是流经常德市城区的一条千年古运河 14-2 常德市政府启动了穿紫河生态修复治理工作，开展了中欧合作的穿紫河流域海绵城市"水生态、水安全、水环境、水文化、水资源"五位一体建设

序号	案例名称	相关资料	开放式编码
14	湖南省常德市	2011年和2015年,常德市分别通过并实施了《穿紫河两厢(皂果路至常德大道)城市设计规划方案》和《穿紫河风光带修建性详细规划》等,进一步推动了穿紫河两岸风光带的配套设施建设工作 开展系统治理,改善生态环境。截污净污,实现源头减排。通过修复地下水破损管网、提质改造8个泵站及泵站调蓄池、建造改造沉淀池和蓄水型生态滤池等,增强对混流雨污水的沉淀和净化能力,为穿紫河提供清洁水源 在发展"商、旅、居"产业的同时,规划建造婚庆产业园,探索生态产品价值产业化、多元化实现途径 以穿紫河为中心的常德特色旅游线路逐渐形成,中断近40年的穿紫河航运得以恢复,穿紫河两岸文化、旅游、娱乐等相关产业每年实现收入3 000万元以上。依托穿紫河良好的生态环境,带动沿岸商圈和高档住宅的综合开发,实现了生态效益和经济效益的共赢	14-3 常德市分别通过并实施了《穿紫河两厢(皂果路至常德大道)城市设计规划方案》和《穿紫河风光带修建性详细规划》等 14-4 开展系统治理,改善生态环境 14-5 探索生态产品价值产业化、多元化实现途径 14-6 穿紫河两岸文化、旅游、娱乐等相关产业每年实现收入3 000万元以上
15	江苏省江阴市	江苏省江阴市拥有35千米的长江深水岸线、13条入江河道,是联结长江水系和太湖流域的重要通道,对常州、无锡等苏南地区的生态安全和用水安全具有重要意义 面对高强度开发和生态破坏带来的严峻挑战,江阴市按照"共抓大保护、不搞大开发"的要求,提出了"生态进、生产退,治理进、污染退,高端进、低端退"的"三进三退"护长江战略,综合运用土地储备、生态修复、湿地保护、旧城改造、综合开发等措施,建成了"八公里沿江、十公里运河"的城市"生态T台" 江阴市按照长江大保护的要求,对主城区沿江区域实施了整体搬迁,近6千米的生产性岸线全部退还为生态岸线,对临江的原扬子江船厂、黄田港、韭菜港、煤栈堆场等开展生态修复,建造了750亩涵盖科普示范、亲水广场、环城绿道、滨江湿地等功能的滨江公园体系,昔日塔吊林立的长江岸线变身为美丽的江阴"外滩" 坚持"抢救性复绿"和"大规模增绿"两手齐抓,编制并落实《长江(江阴段)沿岸造林绿化建设方案》,按照"断带补齐、窄带加宽、次带提升、残带改造"的原则,推进沿江地区生态林建设工程。建设总面积83平方千米的环城森林公园,涵盖观山、秦望山等5座山体和周边地区,与北部长江、中部运河共同构成江阴城区的绿色生态屏障	15-1 江苏省江阴市拥有35千米的长江深水岸线、13条入江河道,是联结长江水系和太湖流域的重要通道,对常州、无锡等苏南地区的生态安全和用水安全具有重要意义 15-2 江阴市按照"共抓大保护、不搞大开发"的要求,提出了"生态进、生产退,治理进、污染退,高端进、低端退"的"三进三退"护长江战略 15-3 对临江的原扬子江船厂、黄田港、韭菜港、煤栈堆场等开展生态修复 15-4 编制并落实《长江(江阴段)沿岸造林绿化建设方案》

序号	案例名称	相关资料	开放式编码
15	江苏省江阴市	依托绮山应急水源地项目，修复并建成绮山郊野公园，规划建设集旅游、养老、居住于一体的康养居住区；在周边10千米范围内种植苗圃300万平方米，引入社会资本建设玫瑰种植园，发展生态农业和旅游业 以"高端产业进、低端产业退"倒逼企业转型升级，大幅提升产业用地地均效益，带动生态修复区域的土地增值和生态产品价值外溢。主动融入上海、南京等周边城市生活圈，积极发展以长三角腹地为服务对象，以生态旅游、平台经济、枢纽经济为龙头的"生态+旅游"和"生态+文化"等生态型产业与新兴产业，充分实现"好山好水好风光"的内在价值	15-5 引入社会资本建设玫瑰种植园，发展生态农业和旅游业 15-6 以生态旅游、平台经济、枢纽经济为龙头的"生态+旅游"和"生态+文化"等生态型产业与新兴产业，充分实现"好山好水好风光"的内在价值
16	北京市房山区	北京市房山区史家营乡曹家坊矿区位于北京市西南部、中国房山世界地质公园拓展区 经过10多年的持续努力，曹家坊矿区修复面积2 300多亩，昔日的废弃矿山已转变为"绿水青山蓝天、京西花上人间"的百瑞谷景区，形成了旅游、文化、餐饮、民宿、绿化等产业，带动了"生态+旅游（民宿）""生态+文化"等多种业态共同发展 为更好地推动曹家坊矿区的修复和保护，利用原有荒山、矿业用地、林地等发展替代产业，充分调动市场主体的积极性，曹家坊村于2011年按照70年的承包期，将矿区所在的后沟区域4 700余亩集体林地承包经营权，统一流转给开展矿区生态修复的北京百瑞谷旅游开发有限公司，实现矿区修复项目建设权、林地经营权、产业项目开发权的"三权合一" 采取"地形地貌整治+植被恢复"模式，科学开展矿区生态修复。为固定山体、防治地质灾害，在矿区内开展客土回填矿坑、边坡修复、鱼鳞坑围堰等生态修复措施，修建了4 000余米的行洪渠，确保生态修复区域的安全。注重水环境修复，煤矿关闭后，区域内地下水不再因人工采煤活动而泄漏，地下水位逐年增高；通过水土保持、自然净化等措施，区域内泉水日渐充沛，恢复了山泉自流、河水自然流淌的自然环境 随着矿区生态修复的持续推进，生态优势显化为经济优势，曹家坊村民的人均劳动所得已经从2010年煤矿关闭时的14 292.7元/年，增长到2018年的18 940.4元/年；史家营乡三次产业从业人员结构，从2009年的47∶26∶27转变为2018年的36∶2∶62，第三产业从业人员比例大幅提高，基本实现了绿色产业转型发展	16-1 北京市房山区史家营乡曹家坊矿区位于北京市西南部、中国房山世界地质公园拓展区 16-2 带动了"生态+旅游（民宿）""生态+文化"等多种业态共同发展 16-3 将矿区所在的后沟区域4 700余亩集体林地承包经营权，统一流转给开展矿区生态修复的北京百瑞谷旅游开发有限公司 16-4 采取"地形地貌整治+植被恢复"模式，科学开展矿区生态修复 16-5 生态优势显化为经济优势，曹家坊村民的人均劳动所得已经从2010年煤矿关闭时的14 292.7元/年，增长到2018年的18 940.4元/年

序号	案例名称	相关资料	开放式编码
17	山东省邹城市	邹城市位于山东省西南部,是孟子故里、国家级历史文化名城,境内煤炭资源丰富,年产原煤近1 883万吨,占山东省年产量的16%以上 邹城市坚持"绿水青山就是金山银山"的绿色发展理念,积极协商区域内采煤龙头企业兖矿集团,按照政府主导与企业实施的"双管齐下"治理模式、政企协作的"双重保障"机制、生态修复与产业发展的"价值实现"路径,在太平镇实施以采煤塌陷地治理、地质灾害搬迁、生态产业发展为核心的"绿心"工程 在全面调查塌陷区现状和现有各类自然资源的基础上,邹城市按照"功能分区、因地制宜、系统治理"的原则,编制了《邹城市采煤塌陷地综合治理规划》和《都市区绿心项目规划》,以太平镇为核心,统筹实施山水林田湖草综合治理、生态修复和开发利用 坚持系统治理,推进采煤塌陷地生态修复。按照"政府主导、企业参与、市场运作、合作开发"的生态修复和产业发展思路,以"谁治理、谁受益"和修复项目建设权、运营权、收益权"打包"确定实施主体等方式,引导兖矿集团等采煤企业、中电建路桥公司等社会资本投入塌陷地治理,开展太平湖国家湿地公园等项目建设,实施塌陷地地质灾害治理和村庄搬迁工程 坚持"农渔游"生态产业化,促进生态产品价值实现。依托塌陷地治理后形成的独特自然生态系统,因地制宜发展"农林渔文旅"生态产业,推动"生态洼地"变身"产业高地" 在塌陷地治理的基础上推进"宜农则农",兖矿集团根据煤矿开采计划和地表塌陷损毁程度,对部分适宜开展土地复垦和农业种植的区域,通过流转获得20年的集体土地经营权,采用预治理模式和采煤沉降预测技术,及时预测区域沉降速度、开展塌陷土地治理 食用菌生产加工企业及合作社达50家,年产30万吨,产值30亿元,"邹城蘑菇"入选中国农业品牌目录2019农产品区域公用品牌,邹城市被评为全国食用菌产业化建设示范市,逐渐改变了邹城市"地下为主、一煤独大"的产业发展格局	17-1 邹城市位于山东省西南部 17-2 政府主导与企业实施的"双管齐下"治理模式、政企协作的"双重保障"机制 17-3 邹城市按照"功能分区、因地制宜、系统治理"的原则,编制了《邹城市采煤塌陷地综合治理规划》和《都市区绿心项目规划》 17-4 引导兖矿集团等采煤企业、中电建路桥公司等社会资本投入塌陷地治理 17-5 坚持系统治理,推进采煤塌陷地生态修复 17-6 因地制宜发展"农林渔文旅"生态产业,推动"生态洼地"变身"产业高地" 17-7 采用预治理模式和采煤沉降预测技术,及时预测区域沉降速度、开展塌陷土地治理 17-8 "邹城蘑菇"入选中国农业品牌目录2019农产品区域公用品牌 17-9 生态旅游的发展为当地村民提供了1 200余个就业岗位,每年各类劳务收入5 000万元;带动了周边5 000户村民发展设施农业、养殖等产业,每年实现直接经济效益6 800万元,人均增收2 000余元,每亩每年创收近3万元

序号	案例名称	相关资料	开放式编码
17	山东省邹城市	都市"绿心"项目涵盖国家级湿地公园1处、湿地镇村8个，生态旅游的发展为当地村民提供了1 200余个就业岗位，每年各类劳务收入5 000万元；带动了周边5 000户村民发展设施农业、养殖等产业，每年实现直接经济效益6 800万元，人均增收2 000余元，每亩每年创收近3万元。通过开展以塌陷地治理为核心的生态修复和综合整治，有效解决了矿区历史遗留的百姓居住环境恶劣问题，受益群众达5万余人 以太平镇幸福新城社区为代表，在地质灾害搬迁和采煤塌陷地治理的基础上，配套建设了服务设施，实现水、电、路、燃气、暖气等"八通"，社区全部进行绿化、亮化、雨污分流、垃圾分类处理，群众的安全感、获得感和幸福感大幅提升	17-10 配套建设了服务设施，实现水、电、路、燃气、暖气等"八通"，社区全部进行绿化、亮化、雨污分流、垃圾分类处理
18	河北省唐山市	唐山是我国重要的煤炭产区，诞生了中国第一座机械化采煤矿井，并创造了我国近代工业发展史上的辉煌 面对严重的采煤塌陷地问题，唐山市经过持之以恒的生态建设，让昔日30平方千米的南湖采煤塌陷区转变为全国最大的城市中央生态公园，并成功举办了2016唐山世界园艺博览会，促进了生态、文化、旅游、体育等多产业发展 委托中国地震局、煤炭科学总院唐山分院等单位，采集沉降区地质数据4万多个，深入开展采煤沉降区地质构造分析研究；聘请国际和国内著名设计院，共同编制了南湖生态城建设规划，实现了控制性详细规划全覆盖 结合河道整治、城市排水与泄洪功能以及景观水体营建等，综合治理区域内各类污水，实现南湖水环境的修复和水系循环贯通。充分发挥水生动植物在净化水质中的作用，科学种植芦苇、荷花、睡莲等植物，同步推进水生态治理和生态景观建设 南湖通过"生态+产业"模式，积极布局文化、旅游、体育产业，促进"吃住行、游购娱、体育运动、生态人文"等多要素的集聚，推动湖产共融化、湖城一体化、生态产业化 同时，生态型产业的发展有效增加了就业岗位和居民收入，带动了城市餐饮、住宿、交通、娱乐等行业的互动发展，让当地居民在享受良好生态产品的同时，得到了实实在在的实惠，获得感和幸福感与日俱增，生态产品的社会价值日益显现	18-1 唐山是我国重要的煤炭产区 18-2 唐山市经过持之以恒的生态建设，让昔日30平方千米的南湖采煤塌陷区转变为全国最大的城市中央生态公园 18-3 深入开展采煤沉降区地质构造分析研究，编制了南湖生态城建设规划 18-4 推进水生态治理和生态景观建设 18-5 通过"生态+产业"模式，积极布局文化、旅游、体育产业，促进"吃住行、游购娱、体育运动、生态人文"等多要素的集聚 18-6 生态型产业的发展有效增加了就业岗位和居民收入

序号	案例名称	相关资料	开放式编码
19	广东省广州市	花都区地处广东省广州市北部，拥有丰富的林业资源，被称为广州市的"北大门"和"后花园" 为打通"绿水青山"向"金山银山"的转化通道，促进生态产品价值实现，花都区依托广东省碳排放权交易市场和碳普惠制试点，选取梯面林场开发公益林碳普惠项目，通过林业资源保护，提高了森林生态系统储碳固碳的能力 制定林业碳普惠交易规则。2017年7月，广州碳排放权交易所出台了《广东省碳普惠制核证减排量交易规则》，对交易的标的和规格、交易方式和时间、交易价格涨跌幅度和资金监管、交易纠纷处理等进行了明确规定，同步建立了广州碳排放权交易所碳普惠制核证减排量竞价交易系统，为林业碳普惠项目实践奠定了基础。 广东省每年设定碳排放配额总量，再分配给纳入控制碳排放范围的企业，企业的实际碳排放量一旦超过配额，将面临处罚。控排企业可以通过购买碳排放权配额或自愿减排核证减排量等方式抵消碳排放量，前者一般由企业通过技术改造、节能减排等方式获得，后者一般通过购买林业碳汇、可再生能源项目减排量等方式获得，但企业购买的自愿减排核证减排量不能超过全年碳排放配额的10%，由此形成了一个以碳排放权交易市场为基础的碳汇交易机制	19-1 花都区地处广东省广州市北部 19-2 花都区依托广东省碳排放权交易市场和碳普惠制试点，选取梯面林场开发公益林碳普惠项目 19-3 广州碳排放权交易所出台了《广东省碳普惠制核证减排量交易规则》 19-4 形成了一个以碳排放权交易市场为基础的碳汇交易机制
20	福建省三明市	福建省三明市森林资源丰富，森林覆盖率达到78.73%，集体林占比高，是我国南方重点集体林区、全国集体林区改革试验区和福建省重要的林产加工基地 三明市牢记习近平总书记的重要嘱托，认真践行"绿水青山就是金山银山"理念，发挥森林资源优势，深入推进集体林权制度改革，探索实践了林票、林业碳汇等价值实现路径，逐步打通森林生态价值转化为经济价值的渠道，实现了生态环境保护与经济发展协同共进 推动"林票"制度改革，激发林农活力，促进林业规模化、产业化发展。2019年，为解决林权"碎片化"和林农缺乏技术、资金导致造林成活率低、林分质量下降等问题，三明市制定了《林票管理办法》，探索了以"合作经营、量化权益、市场交易、保底分红"为主要内容的林票改革试点，引导国有林业企事业单位与村集体或林农开展合作，由国有林业企事业单位按村集体或个人占有的股权份额制发林票	20-1 福建省三明市森林资源丰富 20-2 三明市牢记习近平总书记的重要嘱托，认真践行"绿水青山就是金山银山"理念，发挥森林资源优势，深入推进集体林权制度改革 20-3 三明市制定了《林票管理办法》，探索了以"合作经营、量化权益、市场交易、保底分红"为主要内容的林票改革试点 20-4 建立林权登记信息共享平台，强化林权登记与管理衔接，进一步明晰产权

序号	案例名称	相关资料	开放式编码
20	福建省三明市	规范林权类不动产登记，组建林权权籍勘验调查小组，调整充实乡镇自然资源所力量，建立林权纠纷联合调查处理机制；建立林权登记信息共享平台，强化林权登记与管理衔接，进一步明晰产权；探索林权"三权分置"改革，明确林地所有权，落实农户承包权，放活林地经营权 全市林权交易得到蓬勃发展，共流转林权 5 738 起，交易额 18.3 亿元；各类经营主体不断发展，全市形成林业经营组织 3 019 家，经营面积占全市集体商品林地的 62%，平均每家经营规模达 3 458 亩。全市 193 个村开展了"林票"实践探索，涉及林地面积 12.4 万亩，惠及村民 1.44 万户 6.06 万人，所在村每年村集体收入可增加 5 万元以上 2020 年，全市林业总产值 1 213 亿元，已成为三明市最大的产业集群，有效盘活了沉睡的林业资源资产，打通了森林资源生态价值向经济效益转化的通道，推动形成"保护者受益、使用者付费"的利益导向机制，实现了生态美、产业兴、百姓富的有机统一	20-5 惠及村民 1.44 万户 6.06 万人，所在村每年村集体收入可增加 5 万元以上 20-6 全市林业总产值 1 213 亿元，已成为三明市最大的产业集群
21	云南省元阳县阿者科村	阿者科村位于云南省红河州元阳县哈尼梯田世界文化景观核心区，至今已有 160 余年历史，因其独特的梯田景观、保存完好的哈尼族传统民居和悠久的哈尼传统文化底蕴，成为哈尼梯田世界文化遗产区 5 个申遗重点村落之一，也是第三批国家级传统村落 元阳县政府与村集体联合成立阿者科村集体旅游公司，由政府出资 30%建设游客中心、厕所等旅游基础设施，村民以房屋、梯田等旅游吸引物和资源入股 70%，政府持股部分不参与分红；向上级政府申请村集体经济发展资金 100 万元作为启动资金，由公司统一组织村民整治村寨，经营旅游接待，村民对公司经营进行监管 为旅游开发划定 4 条底线：不租不售农房和梯田、不引进社会资本、不放任本村农户无序经营、不破坏传统；公司与村民签订的旅游合作协议将"保护管理梯田"作为重要内容，规定"村民负责景区内梯田的正常维护，并按季节耕种、管理、收割；崩塌的梯田要及时修护，保持梯田原有景观；不得随意撂荒梯田，不得随意在梯田里种植水稻以外的作物"。同时，政府每年投入专项资金用于森林和水源保护、基础设施维护，开展传统村落保护和民居修缮	21-1 阿者科村位于云南省红河州元阳县哈尼梯田世界文化景观核心区 21-2 元阳县政府与村集体联合成立阿者科村集体旅游公司 21-3 政府每年投入专项资金用于森林和水源保护、基础设施维护，开展传统村落保护和民居修缮。 21-4 打造"元阳红"等优质品牌，形成了梯田红米、梯田鱼、梯田鸭、梯田茶等一批标准化的元阳梯田生态产品

序号	案例名称	相关资料	开放式编码
21	云南省元阳县阿者科村	元阳县通过政策引导、持续培育和立体推介等措施，打造"元阳红"等优质品牌，形成了梯田红米、梯田鱼、梯田鸭、梯田茶等一批标准化的元阳梯田生态产品，提升了综合竞争力 村民尊重自然、保护自然的理念进一步加强，自然生态环境持续向好，人居环境不断改善，村内顺利完成了公厕改建、水渠疏通、房屋宜居化改造等工作，共修复梯田12亩，栽种林木2 730棵，水质监测指标达到地表水Ⅱ类标准，自然生态系统提供物质供给、调节服务、文化服务等类型生态产品的能力不断增强 促进了村民就业增收，带动了全村摆脱贫困和发展集体经济，成为新时代生态文明建设的生动实践。2019年2月至2021年3月，全村实现旅游收入91.7万元，其中村民分红64.2万元，户均分红1.003万元；实施"稻鱼鸭"综合生态种养，亩均产值达到8 095元；为建档立卡贫困户村民创造就业岗位13个，2020年全村贫困人口全部脱贫，人均可支配收入7 120元，同比增长31.6% 为了不破坏村内自然环境和文化遗产的原真性，阿者科村将产品定位为"小团定制产品、深度体验产品"，将纺织染布、插秧除草、捉鱼赶沟等哈尼族传统生产生活活动进行重新设计，推出了自然野趣、传统工艺、哈尼文化等主题性体验产品	21-5 村内顺利完成了公厕改建、水渠疏通、房屋宜居化改造等工作 21-6 促进了村民就业增收，带动了全村摆脱贫困和发展集体经济 21-7 将纺织染布、插秧除草、捉鱼赶沟等哈尼族传统生产生活活动进行重新设计，推出了自然野趣、传统工艺、哈尼文化等主题性体验产品
22	浙江省杭州市余杭区	青山村是浙江省杭州市余杭区黄湖镇下辖的一个行政村，人口为2 600余人，距离杭州市中心42千米。村内三面环山、气候宜人，森林覆盖率接近80%，拥有丰富的毛竹资源。 生态保护公益组织大自然保护协会（The Nature Conservancy，TNC）等与青山村合作，采用水基金模式开展了小水源地保护项目，建立"善水基金"信托、吸引和发展绿色产业、建设自然教育基地等措施，引导多方参与水源地保护并分享收益，逐步解决了龙坞水库及周边水源地的面源污染问题，构建了市场化、多元化、可持续的生态保护补偿机制，实现了青山村生态环境改善、村民生态意识提高、乡村绿色发展等多重目标	22-1 青山村是浙江省杭州市余杭区黄湖镇下辖的一个行政村 22-2 生态保护公益组织大自然保护协会等与青山村合作，采用水基金模式开展了小水源地保护项目 22-3 TNC拥有"一票否决权"，并作为信托的顾问，负责提供水源地保护模式设计、林地管理的专业化方案

序号	案例名称	相关资料	开放式编码
22	浙江省杭州市余杭区	为保证信托的公益性和所有决策符合生态保护目标，TNC拥有"一票否决权"，并作为信托的顾问，负责提供水源地保护模式设计、林地管理的专业化方案，以及评估保护效果、协调和整合公益资源等 因地制宜发展绿色产业，构建水源地保护与乡村绿色发展的长效机制。在开展水源地保护、生态保护补偿的同时，青山村和"善水基金"信托努力探索一种比毛竹林粗放经营获益更高、又对环境友好的绿色产业发展模式，积极培育市场主体，引入各方资源开展多元化项目开发。"善水基金"信托每年平均支付给村民的补偿金约为172元/亩，比村民自营时提高了20%，充分保障了村民的财产权利和生态补偿机制的可持续性。同时，水基金运营的直接收入超过100万元，为水源地保护项目提供了可持续的资金支持。随着环境的改善，青山村吸引越来越多的游客，给村民带来了经营民宿、销售农产品等致富渠道，目前已有超过70户农户加入"自然好邻居"计划，每年每户增收1万元以上，带动200余人直接就业 青山村搭建了一个多方参与、共同磋商的开放性协作平台，形成了"保护者受益、利益相关方参与、全社会共建共享"的多赢局面：农户、企业和个人可以通过投资或捐赠成为信托的委托人，实现自身的经济利益诉求或社会公益诉求；其他村民在获得收益的同时，逐步改变了传统生产生活方式；公益组织的参与，保障了实践的公共性和生态保护措施的专业性，实现了"建立水源地长效保护机制"的初衷；在满足生态保护目标的前提下，引入社会资本发展绿色产业，为生态产品的价值实现奠定了基础	22-4 因地制宜发展绿色产业，构建水源地保护与乡村绿色发展的长效机制 22-5 每年平均支付给村民的补偿金约为172元/亩，比村民自营时提高了20%，每年每户增收1万元以上，带动200余人直接就业 22-6 引入社会资本发展绿色产业，为生态产品的价值实现奠定了基础 22-7 青山村搭建了一个多方参与、共同磋商的开放性协作平台，形成了"保护者受益、利益相关方参与、全社会共建共享"的多赢局面
23	宁夏回族自治区银川市贺兰县	宁夏回族自治区贺兰县四十里店村位于银川市主城区北部，是引黄灌区和水稻传统种植区 在上级党委、政府的引导和支持下，四十里店村联合当地农业龙头企业，采用土地整治、以渔治碱、循环种养、统防统治等措施，改良盐渍化土壤，改善村内基础设施，提高自然生态系统质量和生态产品供给能力，因地制宜开发了集农业种植、渔业养殖、产品初加工、生态旅游于一体的"稻渔空间"生态农工旅项目，完成了从传统种植到稻、鱼、蟹、鸭立体种养，再到一二三产业融合发展的转型升级，获得了耕地保护、生态改善、产业提质、农民增收等多重效益	

多元主体协同视角下农业生态产品价值实现研究

续 表

序号	案例名称	相关资料	开放式编码
23	宁夏回族自治区银川市贺兰县	土地整治，加强耕地保护。通过土地流转和建设农田基础设施，将原本小块地连接整治为平坦的大块地，提升稻田灌溉能力和机械化作业水平；通过挖沟降水、抬土造田、稻田养鱼等措施，改善土壤盐渍化程度，将水产养殖的塘泥返回稻田用于培肥；通过土地整治，增加耕地面积，提高耕地质量，形成稳定的农田生态系统，实现耕地数量、质量和生态"三位一体"保护，为保护四十里店村自然生态，提高水稻等农田生态产品产量和品质奠定了基础 创新渔业养殖方式，利用集污设备过滤鱼蟹等养殖尾水并通过地下管道流回稻田，经过稻田净化氮、磷后的水体再次回到养鱼车间和池塘，减少了养殖用水的更新频次和农业尾水污染 拓展"三产"，以稻渔共养区为基础，重点开发富有生态田园特色的生态旅游产品，建成稻田画观赏区、生态渔业养殖区、大米加工展示区、绿色果蔬采摘区等主题功能区，配套完善景观塔、玻璃栈道、科普教育长廊、儿童乐园等设施；同时开展"跨业融合"，购买景区门票赠送同等价值的稻田米，将区域内农产品打造成旅游产品进行销售，增加了农产品的附加值，打造集休闲、科普、体验、创意于一体的"生态农工旅"聚集区 促进农民就业增收。通过"联农机制"，盘活了农民土地资产，增加了农民财产性收入，2020年，项目区土地承包经营权入股农户达到185户，面积达到2 002.67亩，农民可获得保底收益800元/亩、二次分红50元，户均增收9 200元左右。通过一二三产业融合发展，解决了四十里店村及周边的农民就业问题，仅"稻渔空间"项目就聘用村民108名，人均务工收入达到2.8万元/年，四十里店村村集体经济增收58.62万元/年，基本实现了村民就近就业、增收致富，村集体经济内生发展，走出了一条生态保护、经济发展和乡村振兴的共赢之路	23-1 宁夏回族自治区贺兰县四十里店村位于银川市主城区北部 23-2 在上级党委、政府的引导和支持下，四十里店村联合当地农业龙头企业，采用土地整治、以渔治碱、循环种养、统防统治等措施，改良盐渍化土壤 23-3 土地整治，加强耕地保护 23-4 利用集污设备过滤鱼蟹等养殖尾水并通过地下管道流回稻田 23-5 打造集休闲、科普、体验、创意于一体的"生态农工旅"聚集区 23-6 促进农民就业增收。项目区土地承包经营权入股农户达到185户，面积达到2 002.67亩，农民可获得保底收益800元/亩、二次分红50元，户均增收9 200元左右
24	吉林省抚松县	抚松县位于吉林省东南部、长白山西北麓，是松花江源头和全国重要的林业基地，拥有10万公顷长白山国家级自然保护区，森林覆盖率达到87.6%，自然资源丰富，生态环境良好，"21度的夏天""森林城市""冰雪运动天堂"等都是其独特的生态产品名片 面对保障国家生态安全和区域经济发展两大任务，抚松县一手抓生态环境保护，做大做优"绿水青山"，提升优质生态产品供给能力；一手抓生态产业发展，因地制	24-1 抚松县位于吉林省东南部、长白山西北麓 24-2 抚松县一手抓生态环境保护，做大做优"绿水青山"，提升优质生态产品供给能力；一手抓生态产业发展，因地制宜地发展了矿泉水、人参、旅游三大绿色产业

206

序号	案例名称	相关资料	开放式编码
24	吉林省抚松县	宜地发展了矿泉水、人参、旅游三大绿色产业，促进生态产品价值实现和效益提升，不断把"绿水青山"和"冰天雪地"转化为"金山银山"，走出了一条独具长白山区特色的生态优先、绿色发展之路 科学编制国土空间规划，将生态敏感区域、饮用水源地等纳入生态保护红线，加大了生态保护、监测和管控力度，确保生态功能不降低、面积不减少、性质不改变。全面实施产业准入负面清单，编制了《抚松县国家主体功能区产业准入负面清单》，淘汰关闭影响生态环境的产业，大力发展与主体功能相容相生的产业，形成"面上保护、有序开发"的空间结构 推进生态保护修复，开展山水林田湖一体化保护修复和大气、水、土壤污染防治攻坚战，"十三五"期间设立了2个中华秋沙鸭保护区和1个湿地公园，擦亮"绿水青山"的底色，提高生态产品供给能力 "树品牌"，提升生态产品综合价值。以泉阳泉饮品有限公司获准使用"吉林长白山天然矿泉水地理标志产品"为基础，打造泉阳泉饮品等品牌，以及林海雪原、峡谷泉等多个驰名商标，建立矿泉水产品的质量管控和品牌管理体系，树立抚松"绿色矿泉水"品牌 "聚产业"，打造矿泉水资源产业集群。政府设立专项补助资金，引导企业以市场需求为导向，加强新产品开发和技术创新，形成自主知识产权；推进4个矿泉水产业园区建设，先后培育了泉阳泉矿泉水等本土企业，引进了农夫山泉等国内龙头企业，集聚形成了一大批矿泉水、饮品生产及加工企业，促进资源优势转化为产业优势、规模化发展优势 制定了《"抚松人参"加工技术规程》等12项"抚松人参"标准，实现人参生产、加工、仓储、流通等各环节标准化管理；开展抚松"数字人参"可追溯体系和人参准化示范区建设，全面推广物联网监控和化学农药、化肥减施技术，全县人参标准化种植面积达到85%，人参优质安全用药100% 创建交易平台，形成规模效益。建设并培育了全国最大、功能最全的万良长白山人参交易市场，覆盖鲜参、干参、人参生产资料、参籽、人参拍卖、仓储物流等交易，形成了全国人参及相关产品的交易、结算、物流、仓储集散中心，不仅降低了参农的投资成本，还带动了相关产业的发展。	24-3 科学编制国土空间规划，编制了《抚松县国家主体功能区产业准入负面清单》 24-4 推进生态保护修复，开展山水林田湖一体化保护修复和大气、水、土壤污染防治攻坚战 24-5 以泉阳泉饮品有限公司获准使用"吉林长白山天然矿泉水地理标志产品"为基础，打造泉阳泉饮品等品牌 24-6 "聚产业"，打造矿泉水资源产业集群 24-7 开展抚松"数字人参"可追溯体系和人参准化示范区建设，全面推广物联网监控和化学农药、化肥减施技术 24-8 创建交易平台，形成规模效益 24-9 带动人民脱贫致富和村集体经济发展 24-10 依托长白山的名山效应，引导社会资本积极参与旅游产业发展和项目建设

序号	案例名称	相关资料	开放式编码
24	吉林省抚松县	"十三五"期间，矿泉水、人参、旅游产业共带动就业10万人，拓宽了群众增收致富的渠道。矿泉水产业带动了全县乃至周边地区物流、包装等相关产业的发展，吸纳了5 000多人就业；人参产业的绿色升级，带动了林下参种植从业人员1万余人，建设了以万良镇为代表的人参产品加工基地，带动全镇18个行政村292户517人脱贫致富；依托良好生态环境建设的休闲旅游度假基地，带动漫江、仙人桥、露水河等5个乡镇209人脱贫致富和村集体经济发展 放大长白山名山效应，打造国际旅游名城。整合全县旅游资源，依托长白山的名山效应，引导社会资本积极参与旅游产业发展和项目建设，逐步形成了长白山休闲度假、冰雪旅游及运动、温泉康养和乡村民俗等高、中、低端互补的四大旅游模块，实现"绿色变真金、白雪换白银"	
25	广东省南澳县	汕头市南澳县是广东省唯一的海岛县，地处闽、粤、台三地交界海域，由南澳岛及周边多个岛屿组成，拥有大小海湾66处 近年来，南澳县坚持"生态立岛、旅游旺岛、海洋强岛"战略，依托丰富的海域海岛自然资源和深厚的历史文化底蕴，大力推进"蓝色海湾"等系列海岛保护修复、近零碳排放城镇试点、海岛生态文体旅产业建设，让优良的海洋资源和生态环境成为当地群众的"幸福不动产"和"绿色提款机"，提升了海洋生态产品生产能力，促进了当地发展和群众增收，走出了一条"绿水青山"、"蓝天碧海"向"金山银山"有效转化的绿色发展道路 陆海统筹，实施生态保护修复工程。随着经济的发展和城市化进程的加快，南澳部分海湾、岸线和沙滩曾遭到不同程度的破坏。2017年以来，南澳县按照"生态兴岛、陆海统筹、系统修复"的思路，实施了一系列生态保护修复工程，擦亮了美丽海岛的生态底色 作为广东省首批近零碳排放区城镇试点，印发了《南澳岛近零碳排放区城镇试点建设实施方案》，坚持"产业低碳、生态固碳、设施零碳、机制减碳"的建设主线，探索海岛零碳发展模式 构建绿色低碳的交通和城市综合管理体系。在公交、环卫等领域率先推广新能源汽车，禁止燃油公交车进岛营运，实现全县公交纯电动化率100%；在城乡及景区安装节能路灯及太阳能照明设备，开展城市综合管理节能改造工程	25-1 汕头市南澳县是广东省唯一的海岛县 25-2 南澳县坚持"生态立岛、旅游旺岛、海洋强岛"战略，依托丰富的海域海岛自然资源和深厚的历史文化底蕴，大力推进"蓝色海湾"等系列海岛保护修复 25-3 陆海统筹，实施生态保护修复工程 25-4 印发了《南澳岛近零碳排放区城镇试点建设实施方案》 25-5 在城乡及景区安装节能路灯及太阳能照明设备，开展城市综合管理节能改造工程

序号	案例名称	相关资料	开放式编码
25	广东省南澳县	建立低碳旅游行为减碳激励机制。搭建以低碳旅游交通、住宿和碳积分兑换为核心的信息共享平台，上线运营"南澳零碳＋"小程序，游客开展步行、共享单车、电动公交、在零碳示范酒店住宿等活动，可以获取碳积分并兑换酒店、景区门票优惠券，推广绿色低碳旅游 充分利用"阳光、沙滩、海水"等优质生态产品，以及"山、海、史、庙、岛"特色资源和独特文化，丰富旅游业态，延伸产业链条，推动全域旅游发展，促进生态价值转化。推动"旅游＋文化"，开发"一部手机游南澳"小程序，深入挖掘南澳岛海防军事文化资源，盘活"南澳Ⅰ号"陈列馆、渔民公馆、总兵府、抗日纪念馆等海商、海防、红色文化，形成多条南澳岛特色旅游线路。推动"旅游＋体育"，以建设旅游体育示范岛为契机，举办了2019年亚洲冲浪暨全国冲浪锦标赛等20项体育活动，吸引了来自世界各国1 800多名专业运动员、教练员参赛，带动40多万人次进岛观看比赛和旅游，带旺海岛淡季旅游。推动"旅游＋乡村"，推动农业发展模式转变和产业融合，将传统农家乐、渔家乐、家庭农场等转型升级为休闲农业基地；实施品牌渔农业战略，加快构建渔农副产品线上线下融合、产地市场对接的销售网络；发展海岛森林康养、森林旅游等新兴产业，畅通生态产品转化渠道 建成了后宅、深澳生态养殖示范区，塑造了"南澳紫菜"等国家地理标志产品，南澳牡蛎、后花园宋茶等农产品区域公用品牌，带动南澳岛特色产业质效齐升。以"生态文体旅"模式带动全域旅游，"南澳游"品牌影响力持续扩大 2017—2020年，进岛旅游人次年均增长率为5%，2020年进岛游客达到780.8万人次，旅游总收入为25.2亿元，增长6.8%。2020年，全县建档立卡贫困户全部脱贫，南澳县城镇和农村居民年人均可支配收入分别达到1.76万元和1.42万元。2021年，前三季度累计入岛人数和综合收入分别为594.9万人次、20.66亿元，同比分别增长26.89%和41.9%；仅国庆假期就接待游客49.67万人次，同比增长6.1%，实现旅游收入1.7亿元，同比增长12.6%，当地居民在家门口就收获了良好生态带来的红利，实现了"绿水青山""碧海蓝天"的综合效益	25-6 搭建以低碳旅游交通、住宿和碳积分兑换为核心的信息共享平台 25-7 充分利用"阳光、沙滩、海水"等优质生态产品，以及"山、海、史、庙、岛"特色资源和独特文化，丰富旅游业态，延伸产业链条，推动全域旅游发展，促进生态价值转化 25-8 塑造了"南澳紫菜"等国家地理标志产品，南澳牡蛎、后花园宋茶等农产品区域公用品牌 25-9 南澳县城镇和农村居民年人均可支配收入分别达到1.76万元和1.42万元，实现了"绿水青山""碧海蓝天"的综合效益

续　表

序号	案例名称	相关资料	开放式编码
26	广西壮族自治区北海市	北海市地处广西壮族自治区南端，三面环海，其中全长16.9千米的冯家江自北向南贯穿主城区，是城区内的最大水系和主要排涝河道 北海市认真贯彻落实习近平总书记"把红树林保护好""把海洋生物多样性湿地生态区域建设好"的指示要求，确立了"生态立市"发展战略，启动了冯家江流域生态治理与综合开发工作，以"生态恢复、治污护湿、造林护林"为主线，建设冯家江滨海湿地，以统一规划管控和土地储备为抓手，系统改善片区人居环境，发展绿色创新产业，打造人与自然和谐共生的绿色家园 顺应自然地理格局，基于自然理念开展修复治理。北海市坚持各类自然要素一体化保护和修复，按照保证生态安全、突出生态功能、兼顾生态景观的次序，开展冯家江流域修复治理 严格执行2018年12月颁布的《广西壮族自治区红树林资源保护条例》，将生长红树林的滩涂、湿地纳入保护范围，划定冯家江湿地保护保育区3150亩，约占总面积的47%，对流域内红树林及各类野生动植物实行严格保护。 北海市将自然生态环境优势转变为经济发展优势，通过叠加西部大开发、北部湾经济区开放开发等一系列优惠政策，逐步形成了国际高星级酒店群、科技企业群和金融企业群，着力发展以生态居住、休闲旅游、商业酒店、科技金融等为主导的商务区和向海金融产业区，带动了区域资源升值和绿色产业发展，释放了生态产品综合效益。同时，冯家江生态环境的净化，进一步提升了银滩的景观沙滩整体质量，即使受新冠疫情等因素的影响，银滩景区旅游总人数和旅游收入仍然逐年增加，2021年前10个月旅游人数达到684万人次、实现旅游收入91亿元，是2017年全年旅游人数的2.1倍、旅游收入的2.3倍。近3年共吸引多家金融、科技、商务、服务类企业落户，累计营业收入达155亿元、税收贡献达12.52亿元	26-1 北海市地处广西壮族自治区南端，三面环海 26-2 北海市认真贯彻落实习近平总书记"把红树林保护好""把海洋生物多样性湿地生态区域建设好"的指示要求，确立了"生态立市"发展战略，启动了冯家江流域生态治理与综合开发工作 26-3 开展冯家江流域修复治理。 26-4 严格执行《广西壮族自治区红树林资源保护条例》 26-5 逐步形成了国际高星级酒店群、科技企业群和金融企业群 26-6 旅游总人数和旅游收入仍然逐年增加，企业累计营业收入达155亿元、税收贡献达12.52亿元
27	海南省儋州市莲花山	海南莲花山位于儋州市兰洋镇，距离儋州市区11千米，自然资源丰富，当地"福"文化源远流长，被誉为"千年儋州城，万福莲花山" 海南农垦旅游集团推动区域内矿坑修复、环境治理、文化注入、产业发展"四位一体"联动，将昔日满目疮痍的莲花山，建成生态良好、文化融合、产业兴旺的	

序号	案例名称	相关资料	开放式编码
27	海南省儋州市莲花山	4A 级景区和"全国第二批森林康养示范基地",走出了一条生态环境修复、文旅产业聚集、传统文化弘扬、居民收入提高、区域绿色发展的转型之路 开展生态修复和治理,增加生态产品供给。为增强工作的科学性和针对性,海垦旅游集团专项编制了莲花山生态修复和文化景区建设规划,在不新增建设用地、不砍树不毁林、不搞房地产开发的前提下,采取了生态修复、环境治理、文化传承、产业带动"四轮驱动"模式,利用莲花山的废弃矿坑和 6 个裸露山体,开展矿山修复和旅游景点建设,形成了以传承当地福文化、森林温泉康养等为主题的 6 大功能区 海垦旅游集团直接投资 1.5 亿元,带动其他社会资本投资 4.3 亿元,开展莲花山生态修复和旅游景区、配套设施建设,加宽蓝洋区域乡村公路 5 千米,在矿坑周边修建道路、游览步道 15 千米,连接景区内 6 大功能区和各景点 海垦旅游集团将莲花山生态修复、资源开发与旅游产业规划相融合,推动建设"文康旅、吃住行"全产业链,让矿山生态保护修复与企业经营开发、区域绿色发展相互促进、相得益彰。依托地热资源发展康养产业,发挥氡泉水治疗心脑血管等疾病的优势,把原蓝洋农场内的"国家级医疗级氡泉"热氡泉引入莲花山景区,将温泉理疗与森林康养、树屋民宿等旅游产品有机结合,在跨界融合的同时让自然生态产品的价值倍增 随着生态修复和景区建设的逐步推进,莲花山周边村庄的 40 多户农民也由原来的割胶工逐步转为从事餐饮业和零售业,人均年收入得到明显提升。景区内的 200 多个商铺门面,优先安排给附近的贫困户免费承租 1 年,每户收入都在 3 万元以上,带动近百个贫困户稳定就业和脱贫致富。同时,海南农垦旅游集团与原住民合作,投入上千万元资金将景区内原有的废弃民居修缮改造为景区民宿,带动 200 多名村民就业、景区环境改善和区域内民宿产业的发展,实现了从生态"修复"到生态"造福"的转变	27-1 海南莲花山位于儋州市兰洋镇,距离儋州市区 11 千米,自然资源丰富 27-2 海南农垦旅游集团推动区域内矿坑修复、环境治理、文化注入、产业发展"四位一体"联动 27-3 开展生态修复和治理 27-4 带动其他社会资本投资 4.3 亿元 27-5 配套设施建设,加宽蓝洋区域乡村公路 5 千米,在矿坑周边修建道路、游览步道 15 千米 27-6 海垦旅游集团将莲花山生态修复、资源开发与旅游产业规划相融合,推动建设"文康旅、吃住行"全产业链 27-7 人均年收入得到明显提升,带动近百个贫困户稳定就业和脱贫致富
28	浙江省杭州市	西溪湿地片区位于杭州市西湖区,总面积 21.88 平方千米,涉及 10 个行政村、1.3 万余人口,村民以农业和养殖业为主要经济来源	

序号	案例名称	相关资料	开放式编码
28	浙江省杭州市	2003年8月，在时任浙江省委书记习近平同志的倡导和支持下，西溪湿地综合保护工程正式启动。通过多年的统一规划、统一收储、统一修复和统一开发，西溪湿地片区生态空间不断增加、人居环境不断改善、发展质量不断提高，城市土地生态收储与自然资源资产高效配置所发挥的综合效益日益凸显，探索出一条从"湿地公园"到"湿地公园型城市组团"，再到"公园导向型发展"（Park Oriented Development，POD）模式的绿色转型高质量发展之路，成为人与自然和谐共生的典范 在权责清晰的基础上，以"生态优先、最小干预、修旧如旧、注重文化、可持续发展、以人为本"为原则，划定生态保护区、恢复重建区和合理利用区3个区域。对西溪湿地中生态环境较好、最精华、最具湿地特色的区域实行相对封闭保护，远离人类的频繁活动，为鸟类以及其他生物营造更加静谧和良好的生存环境。对桑基、柿基和竹基鱼塘进行严格保护，修复和培育现有池塘、河汊、港湾等次生态环境，保留各类湿地生物的栖息地 根据杭州市实施的《杭州西溪国家湿地公园保护管理条例》，创新性地对湿地公园的管理体制、管理方式、执法主体等进行了规定和要求，明确由杭州市人民政府确定的杭州市西溪国家湿地公园管理机构（西溪国家湿地公园管理局）对西溪湿地公园实施统一管理，依法履行相关职责 健全生态责任追究、生态保护考核等制度，形成严密的制度法治体系。建成"星—空—地"的"生态大脑"实时动态监控和集成展示系统，实现智慧化管理 在西溪国家湿地公园管理局的授权下，西溪湿地运营管理有限公司负责具体运营。借助湿地资源资产及优质生态产品供给，开展湿地游览、科普研学等经营活动，所获收益已与西溪湿地的保护和管理经费基本持平，未来随着游客数量的增加收益会进一步提升，在满足维护成本的基础上可获得更多利润 在湿地东南面，利用之前已收储国有建设用地保障用地需求，打造集商住休闲、湿地科普、旅游集散换乘、旅游服务等功能于一体的国际旅游综合体"西溪天堂"，既减少对生态空间的占用，又有效利用湿地优质生态产品的"外溢效益"。同时，杭州市积极创新留用地政策，	28-1 西溪湿地片区位于杭州市西湖区 28-2 在时任浙江省委书记习近平同志的倡导和支持下，西溪湿地综合保护工程正式启动 28-3 修复和培育现有池塘、河汊、港湾等次生态环境 28-4 根据杭州市实施的《杭州西溪国家湿地公园保护管理条例》，创新性地对湿地公园的管理体制、管理方式、执法主体等进行了规定和要求 28-5 建成"星—空—地"的"生态大脑"实时动态监控和集成展示系统，实现智慧化管理 28-6 在西溪国家湿地公园管理局的授权下，西溪湿地运营管理有限公司负责具体运营。 28-7 打造集商住休闲、湿地科普、旅游集散换乘、旅游服务等功能于一体的国际旅游综合体 28-8 西溪湿地的入园游客和经营收入实现了稳定增长

序号	案例名称	相关资料	开放式编码
28	浙江省杭州市	在被征地村域范围内，按照征地面积的一定比例留出土地给集体经济组织，用于村民发展住宿、餐饮等产业 随着知名度、美誉度的不断提升，西溪湿地的入园游客和经营收入实现了稳定增长，自开园以来累计入园游客达5 500万人次，实现经营收入24亿元。2015—2019年，年均入园游客约500万人次，年均经营收入约2亿元。2020—2022年，即使受疫情影响，每年经营收入也接近1亿元	
29	浙江省安吉县	2018年以来，为进一步深化"千万工程"，破解耕地碎片化、资源要素保障不足、空间布局无序、土地利用低效等问题，安吉县推动全域土地综合整治工程，陆续出台相关政策，试点实施一批项目，探索自然资源领域生态产品价值实现的路径机制 安吉县通过全域土地综合整治这一抓手，优化了生活、生产、生态空间布局，使生活空间更加宜居优美 扎实推进"多规合一"实用性村庄规划编制工作，目前已编制完成30余个村庄规划，为乡村建设和发展提供依据，为推进土地综合整治提供保障 通过土地综合整治中村庄人居环境及道路交通提升、安置区规划建设、公共服务设施完善、水系和矿山治理等专项工程，推进山、水、路、林、村综合整治，完善配套设施，优化农村人居环境，建设融合山水林田为一体的美丽村庄，并积极发展生态产业 将水系、矿山生态修复与生态产业开发相结合，将废弃矿坑等打造为与周边生态环境相融合的湖泊、花海等景观，建设田园旅游综合体。借助丰富的竹林资源，打造"竹经济"，发展"竹＋林下"复合经营，通过促进竹林地的立体化空间利用，谋划林下种植、林下养殖、林下中草药等林下经济，提升竹林亩均综合效益。结合生态农产品优势，打造"安吉白茶""两山农耕"等区域公用品牌，以"线上＋线下"结合的方式进行多种渠道销售，提升生态产品附加值 以余村等7个村全域土地综合整治与生态修复工程为例，该工程实施面积为5 788公顷，总投资为8 456万元，通过复垦复绿、封山治水，实施村庄绿化、庭院美化、垃圾分类，持续改造优化人居环境，昔日矿坑变身油菜花田、荷花藕塘	29-1 安吉县推动全域土地综合整治工程，陆续出台相关政策 29-2 安吉县通过全域土地综合整治这一抓手，优化了生活、生产、生态空间布局 29-3 扎实推进"多规合一"实用性村庄规划编制工作 29-4 推进山、水、路、林、村综合整治，完善配套设施，优化农村人居环境

序号	案例名称	相关资料	开放式编码
29	浙江省安吉县	2022年，天子湖镇乌泥坑村的4宗、50亩农业"标准地"成功挂牌出让，为村集体带来880万元收益，用于打造以山水资源为基础的集"浮游乐园、绿野乐谷、滨水乐境、森心乐活"于一体的旅游综合体，该项目将带动村集体年收益300余万元，新增就业人数500人，惠及群众1万余人	29-5借助丰富的竹林资源，打造"竹经济"，发展"竹+林下"复合经营 29-6打造"安吉白茶""两山农耕"等区域公用品牌， 29-7全域土地综合整治与生态修复 29-8带动村集体年收益
30	江苏省常州市	常州市天宁区郑陆镇位于天宁区东北部，距离常州中心城区约30分钟车程，拥有舜过山、焦溪古镇、黄天荡湿地、新沟河水系等丰富的自然生态和人文资源 近年来，郑陆镇坚持生态优先、绿色发展的理念，按照"智造创新，生态绿镇"的高质量发展定位，开展"危污乱散低"用地出清提升，关停淘汰落后产能，整理腾挪促进产业升级和集聚，持续实施生态修复，积极发展生态产业，努力实现生态产品价值提升与产业转型升级互促共赢，实现了传统模式向生态文明建设和高质量发展的再出发。创新编制《天宁区生态产品价值实现专项规划》，根据天宁区"三城一镇"协同发展战略，确定了郑陆镇产业转型升级和集聚的重心向郑陆镇省级高新开发区转移，确定了"蓝脉绿网、四区四片、五心多点"格局 重塑生态体系，实施"山水林田湖草"一体化治理 实施矿山宕口生态修复工程。以长江经济带废弃露天矿山生态修复为契机，统筹推进地质灾害治理、生态修复及美丽乡村建设，对舜山北侧山体采用削坡减载、锚索格构梁加固、压脚回填等措施，消除崩塌滑坡地质灾害，恢复被损毁山体5万多平方米；坡面采用植生袋覆绿、坡脚栽植树木、播撒草种，增加绿化植被面积5万多平方米、植被30余种 引进生态三产，建立"农文旅"综合开发模式。围绕"智造创新，休闲文旅"定位，将"农文旅"综合开发作为郑陆镇第三产业的主导方向。按照《毗陵志》记载恢复了"舜山八景"，依托生态廊道，将黄天荡湿地公园、焦溪古镇等自然景观和历史人文底蕴融为一体，积极引入农业、文化、旅游综合发展项目，实现"农文旅"深度融合	30-1常州市天宁区郑陆镇位于天宁区东北部 30-2郑陆镇坚持生态优先、绿色发展的理念，按照"智造创新，生态绿镇"的高质量发展定位，开展"危污乱散低"用地出清提升 30-3创新编制《天宁区生态产品价值实现专项规划》 30-4重塑生态体系，实施"山水林田湖草"一体化治理 30-5积极引入农业、文化、旅游综合发展项目，实现"农文旅"深度融合 30-6积极打造查家湾文旅品牌

序号	案例名称	相关资料	开放式编码
30	江苏省常州市	重点围绕"焦溪翠冠梨、二花脸猪肉、焦溪扣肉、黄天荡螃蟹"等特色生态产品，进行国家地理标志认证和江苏省驰名商标注册，增加产品附加值，增加有机稻米种植面积，进行农产品深加工，拉长农业产业链。借助直播带货，拓展销售渠道，将特色农产品远销海外。对接知名文创品牌企业，借助"梨花节""乡村音乐节"等平台，积极打造查家湾文旅品牌，擦亮郑陆生态名片 2022 年，郑陆镇财政收入为 13.35 亿元，城镇居民人均可支配收入增长到 6.85 万元，农产品销售额达 2 亿元，打通了"生态美"、"产品好"向"经济优""人民富"转化的价值实现渠道	30-7 郑陆镇财政收入为 13.35 亿元，城镇居民人均可支配收入增长到 6.85 万元，农产品销售额达 2 亿元
31	福建省南平市	武夷山国家公园地处江西与福建西北部交界处，其中约 78.2% 的面积位于福建省南平市，是我国首批公布的 5 个国家公园之一，也是国家级自然保护区、国家级风景名胜区、国家级森林公园和国家级水产种质资源保护区 近年来，福建省南平市牢记习近平总书记"坚持生态保护第一，统筹保护和发展，实现生态保护、绿色发展、民生改善相统一"的重要指示精神，坚持把武夷山国家公园作为南平最大的生态产品，在保持国家公园自然生态系统完整性、原真性的同时，以环武夷山国家公园保护发展带建设为抓手（以下简称"环带"），统筹生态保护与绿色发展，带动乡村振兴、共同富裕，推动"好风景"走向"好经济"、迈向"好生活"，打造人与自然和谐共生的现代化先行地，擦亮了国家公园生态产品价值实现的"武夷山"名片 同时，鼓励社会资本参与公园产业项目经营，积极探索特许经营权竞标等方式，依法开展特许经营活动，既显化了自然资源资产的生态价值，又实现了经济发展和民生改善相统一 强化国家公园规划的顶层设计。编制《武夷山国家公园总体规划》和"环带"总体规划，开展"环带"生态保护、绿色发展、民生改善 3 个专项及全民所有自然资源资产保护利用专项规划研究，制定城镇风貌、生态旅游、酒店民宿等一系列"环带"特色标准体系，增强自然生态系统的联通性、协调性、完整性	31-1 武夷山国家公园地处江西与福建西北部交界处，其中约 78.2% 的面积位于福建省南平市 31-2 福建省南平市牢记习近平总书记"坚持生态保护第一，统筹保护和发展，实现生态保护、绿色发展、民生改善相统一"的重要指示精神 31-3 鼓励社会资本参与公园产业项目经营，积极探索特许经营权竞标等方式 31-4 编制《武夷山国家公园总体规划》和"环带"总体规划

序号	案例名称	相关资料	开放式编码
31	福建省南平市	建立智能化生态监测管护体系。建设基于卫星遥感、视频监控、大数据、区块链等技术手段的国家公园智慧管理平台，构建集资源保护、生态监测、应急管理、环境容量预警等功能于一体的立体式监管体系，实现对国家公园范围内生物多样性、生态环境及自然资源"天、空、地"一体化监测 实施山水林田湖草综合治理工程。推进闽江源头区等重点区域1.5万亩的水土流失综合治理，综合整治"环带"137千米河流水质污染，开展桐木溪、九曲溪等河流湿地保护修复，实施"环带"国土绿化示范、武夷山区域生态系统保护修复等项目，因地制宜开展退化林生态修复，完成封山育林62.5万亩 推进茶文化、茶产业、茶科技"三茶"建设。深化科技特派员制度，共派出225名科技特派员为茶园提供茶科技服务，鼓励引导国家公园内的茶农采用"有机肥+绿肥轮作"模式，建成生态茶园示范基地1 860亩，显著提升茶叶的生态品质。挖掘茶产品附加值，依托丰富的茶文化资源，推出赏茶礼、品茶味、游茶园等茶文旅项目，全面推动茶文旅融合发展 区域公共品牌赋能产品增值溢价。充分发挥国家公园"双世遗"品牌优势，聚焦竹、茶、水等"五个一"特色优势资源，实行统一质量标准、统一检验检测、统一宣传推介、统一营销运作，打造覆盖全区域、全品类、全产业链的"武夷山水"区域公用品牌，吸引了超过300多家企业入围，品牌赋能和品牌质量信用建设，使入围企业在销量和价格上有较大提升，实现了生态产品增值溢价 完善提升全民公益性公共服务设施。建设251千米国家公园1号风景道，在道路沿线布局配套服务驿站、观景平台及茶空间，将环国家公园景区景点、历史文化、田园山水等优质生态人文资源串珠成链，提升打造乌龙茶发源地星村镇等一批国家公园入口社区、门户镇村，改善人居环境，建设宜居宜业和美乡村，让群众既能享受"蓝天白云、鸟语花香、水清岸绿、鱼翔浅底"的优美自然环境，又能拥有"创新开放、从容包容、绿色集约、和谐睦邻"的优雅人文环境	31-5 建设基于卫星遥感、视频监控、大数据、区块链等技术手段的国家公园智慧管理平台 31-6 实施山水林田湖草综合治理工程 31-7 全面推动茶文旅融合发展 31-8 打造覆盖全区域、全品类、全产业链的"武夷山水"区域公用品牌 31-9 完善提升全民公益性公共服务设施。建设251千米国家公园1号风景道，在道路沿线布局配套服务驿站、观景平台及茶空间 31-10 生态价值外溢效应明显，助推实现共同富裕

序号	案例名称	相关资料	开放式编码
31	福建省南平市	生态价值外溢效应明显，助推实现共同富裕。生态补偿稳林农保障。多元化生态补偿机制日益完善，林农权益得到有效保障。2022年，全市拨付生态公益林所有者补偿、林权所有者补助、天然林停伐补助共计3 205.76万元。林权改革促林农增收。持续开展毛竹地役权管理4.39万亩，通过景观资源山林所有权、使用管理权"两权分离"的管理模式，7.76万亩集体山林每年给村民分红300多万元。生态旅游助居民就业。生态旅游发展提供就业岗位，吸纳了1 400多名村民从事生态保护、旅游服务等工作，开创了生态惠民、利民、为民的新局面。特许经营帮居民增收。2016—2021年，社区居民参与特许经营和保护管理，人均可支配收入年均增长8.2%，典型村庄的人均收入达到2.3万元	
32	山东省东营市	山东省东营市是黄河三角洲地区的中心城市，盐碱地面积达340余万亩，居山东省首位，是滨海盐碱地的典型代表 东营市党委、市政府按照习近平总书记指示精神，积极吸引社会资本参与盐碱地改良利用及生态产品开发经营，因地制宜恢复自然林草植被，发展生态循环林下经济，推动形成适度种养、一二三产业融合的复合高效循环产业体系，走出了一条以生态修复促生态产品开发、以生态产品经营促产业发展、以产业发展促"两山"转化的绿色发展之路 东营市积极探索"生态修复＋生态产品开发经营"的模式，引导社会资本在进行生态修复的同时，开展生态产品开发经营并获得稳定收入，推动保护、修复与经营"同频共振" 一是建设生态林场，推动盐碱地生态修复。建设垦利区胜坨林场、西宋红旗滩林场、河口区义和林场和东营胜利林场四处生态林场，因地制宜、因情施策做好生态修复 打造"种、养、加"配套、一二三产业融合的盐碱地立体循环的绿色产业体系，畜禽食用就地种植的作物和中草药配方饲料，提升其自然抵抗力；枝条和作物秸秆等林农废弃物粉碎后做基质种植菌类，有效增加盐碱地有机质、土壤菌群，改良土壤；改良后的土壤可以种植中草药和作物，使得作物营养更丰富、质量更高	32-1 山东省东营市是黄河三角洲地区的中心城市 32-2 东营市党委、市政府按照习近平总书记指示精神，积极吸引社会资本参与盐碱地改良利用及生态产品开发经营 32-3 引导社会资本进行生态修复

序号	案例名称	相关资料	开放式编码
32	山东省东营市	三是以黄河口生态特色品牌为引领，促进产业发展。打造特色品牌，开发出"小欢猪"系列猪肉、熟食、肉酱等产品；通过生态养殖，培育不含抗生素、品质好的"板蓝根鸡""板蓝根鸡蛋"等畜禽热销产品 探索林下经济产业模式，包括林粮模式，以大株行距标准化种植生态林为主，定植成品苗木，林下套种大豆、玉米、小麦等粮食作物和饲料作物；林药模式，选育板蓝根优良品种，配套高效栽培技术，实现规模化、集约化板蓝根生产；林菌模式，在郁闭度达70%的林间进行食用菌种植；林猪模式，采用中草药饲用技术培育优良猪种，在林下建设生猪养殖基地 通过积极发展林下赤松茸采摘等生态产业，有效带动周边10万余亩的盐碱地实现经济转化，年产值达2 000万元，村集体每年获得土地承包租金600余万元，农民户均年增收1万余元，带动周边15个村增收致富	32-4 推动盐碱地生态修复 32-5 打造"种、养、加"配套、一二三产融合的盐碱地立体循环的绿色产业体系 32-6 以黄河口生态特色品牌为引领，促进产业发展。打造特色品牌 32-7 选育板蓝根优良品种，配套高效栽培技术 32-8 村集体每年获得土地承包租金600余万元，农民户均年增收1万余元，带动周边15个村增收致富
33	青海省海西蒙古族藏族自治州	茶卡盐湖位于青海省海西蒙古族藏族自治州乌兰县茶卡镇，距省会西宁近300千米，湖面海拔为3059米，总面积为112平方千米 青海省各级党委政府认真贯彻落实习近平总书记指示精神，按照"政府主导＋多方参与＋市场运作＋可持续发展"的模式，充分挖掘独特的盐湖资源，集聚茶卡各类发展要素，发挥自然资源资产多元化价值，全力推动文化、旅游、工业、农业深度融合，打造"大茶卡"旅游综合体，将优质生态产品的综合效益转化为高质量发展的动力，走出一条"生态产业化、产业生态化"的绿色发展之路 青海省依托青藏高原独特的自然禀赋，在开采盐湖资源的同时，充分发挥其生态、景观、文化、经济等多重价值，通过发展适宜产业，显化了自然资源资产的综合效益。茶卡盐湖管理企业（西部矿业集团）利用盐湖的经营权，成立文旅公司并推动"文化＋旅游＋工业"融合发展和项目运营 借助茶卡盐湖景区的带动作用，引导龙头企业投资建设生态产业园，扶持农民以务工、入股等多种方式参与特色养殖、餐饮住宿等特色经营，实现了自然资源资产多元化价值转化、地方经济发展、群众增收致富的有机统一	33-1 茶卡盐湖位于青海省海西蒙古族藏族自治州乌兰县茶卡镇 33-2 青海省各级党委政府认真贯彻落实习近平总书记指示精神，按照"政府主导＋多方参与＋市场运作＋可持续发展"的模式，充分挖掘独特的盐湖资源，集聚茶卡各类发展要素，发挥自然资源资产多元化价值

序号	案例名称	相关资料	开放式编码
33	青海省海西蒙古族藏族自治州	不断拓展资源价值实现渠道和产业链条。在积极发展旅游产业的基础上，茶卡盐湖不断拓展产业链条，构建了盐湖观光、工艺体验、休闲保健、民族文化、湿地生态、科普游学等 6 大产品体系，并通过借助移动互联网等创新品牌宣传模式、深挖品牌文化底蕴、开辟文旅融合发展渠道等，不断提升"茶卡盐湖·天空之镜"品牌知名度，吸引游客关注 助力乡村建设，扶持农牧民增收。茶卡盐湖景区在自身发展的同时，精准对接，带动了周边牧区发挥优势就地就近致富，形成了良性发展机制，每年直接拉动周边地区经济收益近 4 亿元，搭建"茶卡羊"养殖、农畜产品加工、餐饮住宿服务、电子商务为一体的综合性旅游扶贫产业，为农牧民算好生态账、吃上旅游饭、打好产业牌开辟新路径，有力地推助乡村振兴和群众致富增收。2022 年，茶卡镇实现旅游收入 6 638.49 万元，人均可支配收入 2.09 万元	33-3 推动"文化＋旅游＋工业"融合发展和项目运营 33-4 引导龙头企业投资建设生态产业园，扶持农民以务工、入股等多种方式参与特色养殖、餐饮住宿等特色经营 33-5 不断提升"茶卡盐湖·天空之镜"品牌知名度 33-6 带动了周边牧区发挥优势就地就近致富
34	北京城市副中心	城市绿心森林公园是北京城市副中心重点功能区之一，规划总面积为 11.2 平方千米，东北侧为北运河，西侧为规划中的六环公园，原为东方化工厂、外围零散工业用地和 3 个行政村 《北京城市总体规划（2016—2035 年）》提出"北京城市副中心应构建大尺度绿色空间，促进城绿融合发展，形成'两带、一环、一心'的绿色空间结构"，其中的"一心"就是城市绿心森林公园 北京市深入贯彻落实习近平总书记指示精神，实施高起点规划、高水平生态修复、高质量建设城市绿心，形成独具副中心特点的优质生态产品，推动周边产业园区和其他功能区绿色低碳高质量发展，促进生态产品价值外溢，成为城市副中心最具特色的生态名片，促进了北京市落实城市战略定位、建设国际一流和谐宜居之都发展目标的实现 摒弃传统的化工污染修复方法，采取自然衰减、阻隔覆土、生态恢复的方式恢复原化工厂区域，并运用环境监测、数字模拟等技术开展生态修复与风险管控，园区生态修复治理率和环境监测率均达到 100% 开展多元化价值实现路径探索。聚焦休闲、文化、运动三大主线，开展特色经营。北京城市副中心投资建设集团作为运营主体，利用场地、基础设施等开展经营活动，	34-1 城市绿心森林公园是北京城市副中心重点功能区之一 34-2《北京城市总体规划（2016—2035 年）》 34-3 北京市深入贯彻落实习近平总书记指示精神，实施高起点规划、高水平生态修复、高质量建设城市绿心，形成独具副中心特点的优质生态产品 34-4 采取自然衰减、阻隔覆土、生态恢复的方式恢复原化工厂区域 34-5 实现绿色空间与文化、科普、体育、休闲等城市功能深度融合 34-6 经营性收入稳步增长

序号	案例名称	相关资料	开放式编码
34	北京城市副中心	所得经营性收益用于反哺绿心公园日常运行维护。北京城市副中心投资建设集团专门成立了负责项目经营的北京绿心园林有限公司（以下简称"绿心公司"），采用招投标等方式，引入企业开展特色餐饮、咖啡茶饮、亲子乐园、节庆活动等多元化服务，实现绿色空间与文化、科普、体育、休闲等城市功能深度融合 截至 2023 年 5 月，城市绿心森林公园成功引入经营项目 49 个，利用工业厂房改造运动主题酒店 2 家，承办特色活动 200 余次，参与规模超 50 万人次，累计接待游客 731 万余人次，经营性收入稳步增长（其中 2022 年实现营业收入 1 950 万元）	
35	广西壮族自治区梧州市	梧州六堡茶是中国"三大黑茶"之一，因原产于广西壮族自治区梧州市苍梧县六堡镇而得名，具有"红、浓、陈、醇"及独特槟榔香的特点，远销粤港澳及东南亚地区，成为著名的"侨销茶"，经过 1 500 多年的发展孕育形成了深厚灿烂的"茶船古道"文化 梧州市深入贯彻落实习近平总书记关于做大做强六堡茶产业的嘱托，以及自治区党委、政府关于打造千亿元茶产业的决策部署，将"六堡茶特色茶产业发展"纳入梧州市生态产品价值实现试点重点任务 一是规划引领优化茶园种植布局，提升六堡茶生态种植规模。编制《梧州六堡茶产业高质量发展三年行动计划（2021—2023 年）》，发挥苍梧县六堡茶发源地、"茶船古道"文化等优势，打造生态茶园建设核心区 二是加强科技支撑与品牌增值，助推六堡茶实现生态值提升与显化。一方面，加大科技研发投入，开发新型产品，延长六堡茶产业链，将六堡茶打造成"网红美食"和"一市一品"的核心产品。制定六堡茶相关标准近 40 项，实现从茶苗到茶杯全程标准化，保障六堡茶产品质量。植入 NFC 溯源技术，以标准化、信息化、智能化对茶叶进行仓储管理，确保茶源安全可溯。另一方面，打造茶品牌矩阵，扩展"梧州六堡茶"区域公共品牌和"茶船古道"文化品牌内涵，带动一批优秀企业品牌共同组成品牌矩阵。同时，建设广西粤桂国际茶业交易中心，推进产品供需精准对接。着力打造以茶叶交易中心为核心、以六堡茶合规仓储体系为基础的茶叶交易一级市场，提升梧州六堡茶的整体价值	35-1 梧州六堡茶是中国"三大黑茶"之一，因原产于广西壮族自治区梧州市苍梧县六堡镇而得名 35-2 将"六堡茶特色茶产业发展"纳入梧州市生态产品价值实现试点重点任务 35-3 编制《梧州六堡茶产业高质量发展三年行动计划（2021—2023 年）》 35-4 加大科技研发投入，开发新型产品 35-5 打造茶品牌矩阵，扩展"梧州六堡茶"区域公共品牌和"茶船古道"文化品牌内涵，带动一批优秀企业品牌共同组成品牌矩阵

序号	案例名称	相关资料	开放式编码
35	广西壮族自治区梧州市	创新社会资本参与模式，激发六堡茶产品供给主体的动力活力。引导社会资本参与投资，提升茶生产企业市场竞争力。吸引国内外龙头企业及市内其他相关大型企业投资六堡茶产业，支持全市茶企采取合资合作、兼并重组、股份制等方式壮大规模 三是发展文旅融合产业，助推六堡茶产业提质增效。开发"茶旅＋民宿""茶旅＋研学""茶旅＋康养"等茶旅康养融合新业态，建成"茶船古道·西江风情之旅"茶文化旅游线路并入选全国乡村旅游精品线路。重点推进六堡茶相关特色小镇旅游区、摩天岭"六堡茶海"一二三产业融合发展、黑石山茶文旅综合体等项目建设，打造集茶叶种植、生产、加工、观光、养生于一体的茶旅原生胜地，整合绿水青山、非遗技艺、田园风光、乡土文化等资源，推动体验式茶文化旅游产业发展 六堡茶生态产业化发展，培育壮大了农村经济，增加了村集体和农民的收入。梧州市茶叶专业合作社目前已发展到175户、从业人员5万多人，直接带动24万余农户受益，茶农平均年增收3 000元，其中直接带动约3.5万人口摆脱贫困并稳定致富。2022年，苍梧县六堡茶核心区内茶农人均可支配收入1.69万元，比全县平均水平高39%。同时，为解决茶农茶企缺乏抵押物等融资瓶颈，2022年，梧州市多家金融机构给予六堡茶产业贷款累计授信39.2亿元、累计放款金额30.1亿元。六堡茶已成为梧州市联农带农富农的新模式、新业态，真正实现了乡村美、产业兴、农民富	35-6 引导社会资本参与投资，提升茶生产企业市场竞争力 35-7 开发"茶旅＋民宿""茶旅＋研学""茶旅＋康养"等茶旅康养融合新业态 35-8 培育壮大了农村经济，增加了村集体和农民的收入
36	云南省文山壮族苗族自治州西畴县	西畴县位于云南省东南部，国土面积为1506平方千米，裸露、半裸露的岩溶面积达75.4%，是云南省乃至全国石漠化最严重的地区之一 西畴县认真贯彻落实习近平总书记考察云南时的重要讲话精神，弘扬新时代"西畴精神"，以推进石漠化综合治理为抓手、统筹生态保护修复和"生态＋"产业开发，通过全民行动护生态、促发展、求共富，坚持将生态保护修复与经济社会发展同步推进，有效提升了生态产品的供给能力，探索出了一条适合深度石漠化地区发展致富、促进人与自然和谐共生的新路径 一是坚持系统观念，实施石漠化综合治理。"山顶戴帽子"，在山顶采取封山育林、植树造林、公益林保护等措施，修复森林植被，改善生态环境	

序号	案例名称	相关资料	开放式编码
36	云南省文山壮族苗族自治州西畴县	建设水利设施，促进水资源保护与利用。科学布局水利基础设施，优先规划石漠区、重旱区、老旱区的设施建设，确保人畜饮水安全保障全覆盖。实施"五小水利"工程，提高水资源利用率，实现"散水集用、小水大用、丰水枯用、远水近用、低水高用"。组建用水协会，将部分农村供水移交协会管理，聘请村级水管员，有效解决农村水利工程管理"最后一千米"问题 二是生态补偿，实现群众在"保护中增收"。在森林、耕地等重点生态领域和重点生态功能区实现生态保护补偿全覆盖，补偿水平与经济社会发展状况相适应，公益林补偿标准提高到每亩 10 元，多元化补偿机制初步建立 生态开发，推动林农业复合发展。"林+禽"模式，发展以乌骨鸡为重点的生态畜禽养殖，建成集乌骨鸡种源、育种、生产于一体的基地示范园；"林+药"模式，依托北回归线"黄金十字带"的特殊地理环境和自然禀赋，发展以重楼、苦参为重点的中药材产业，建成一批高品质中药材药园，成功申报并推进"云药之乡"建设；"林+果"模式，依托退耕还林等政策，打造以猕猴桃、柑橘、杨梅、火龙果等为重点的特色水果产业基地 创建以西畴乌骨鸡为代表的绿色食品品牌，扩大优质水稻、猕猴桃、甘蔗、阳荷、八角、古树茶等绿色产品影响力，共得"三品一标"认证企业及专业合作社 6 家，认证产品 18 个。建成三光、香坪山、汤谷、金钟山等 4 个 A 级旅游景区，为县域生态旅游、城乡融合发展注入强劲动力 三是民生福祉大幅提升。通过人居环境改善、生态保护修复和生态产业开发，极大地改善了山区群众的生产生活条件。2022年，城镇常住居民人均可支配收入达 35 250 元，农村常住居民人均可支配收入达 13 770 元，完成地区生产总值 67.5 亿元。通过实施"5分钱"工程，2018 年以来，累计兑补财政奖补资金 2 463.38 万元，带动 1 579 个村小组自愿缴纳环境卫生保洁费，聘请村庄保洁员 6 000 余人，平均每年带动 1 000 余个农村家庭，特别是困难家庭户均增收 3 000 元	36-1 西畴县位于云南省东南部 36-2 西畴县认真贯彻落实习近平总书记考察云南时的重要讲话精神，弘扬新时代"西畴精神"，以推进石漠化综合治理为抓手，统筹生态保护修复和"生态+"产业开发 36-3 实施石漠化综合治理 36-4 科学布局水利基础设施 36-5 多元化补偿机制初步建立 36-6 生态开发，推动林农业复合发展 36-7 创建以西畴乌骨鸡为代表的绿色食品品牌，扩大优质水稻、猕猴桃、甘蔗、阳荷、八角、古树茶等绿色产品影响力 36-8 民生福祉大幅提升，城镇常住居民年人均可支配收入达 35 250 元，农村常住居民年人均可支配收入达 13 770 元
37	新疆维吾尔自治区伊犁哈萨克自治州伊宁县	伊犁哈萨克自治州伊宁县天山花海项目区位于世界自然遗产地伊犁河谷核心区，附近村民主要以传统放牧、种植为生。受土地碎片化、土壤沙化严重等影响，区域内大片土地曾变成荒芜的牧业草场，导致生态环境受损，农业发展阻滞，土地闲置严重	

序号	案例名称	相关资料	开放式编码
37	新疆维吾尔自治区伊犁哈萨克自治州伊宁县	伊宁县坚持生态优先、绿色发展的理念，启动实施天山花海一二三产业融合项目，整合花、田、山、草、居等多类资源，通过科学规划、土地整治，提高区域生态环境质量和生态产品供给能力，以特色作物种植为基础、以农副产品深加工为提升、以文化旅游为重点，将文化、生态、旅游等产业融合联动发展，促进生态产品价值显化，让当地村民真正地"端稳生态碗、吃好生态饭"，实现生态良好、经济提升、社会发展等综合效益 伊宁县组织编制了天山花海项目总体规划，合理布局生态、生产、生活空间，规划建设花海面积约 4.2 万亩，带动周边 75 平方千米区域发展 坚持"绿水青山就是金山银山"理念，通过土地流转、土地整理和生态修复等手段，使戈壁荒滩变为"塞外粮仓"，实现土地数量、质量、生态"三位一体"全面提升。通过整合流转伊宁县喀什镇和喀拉亚尔奇乡 4 万多亩土地，实现规模化生产经营，提高土地集约利用水平；对荒地开垦和废弃沟渠、废弃水工建筑物用地进行整理，增加可种植土地面积，提高土地利用率；对退化较严重的天然牧草地进行土壤改良、生态修复和基础设施建设，改善农业生产条件和生态环境，为林果种植提质增效奠定坚实的基础；实施新增耕地开发项目，引进企业改造荒滩，通过平整土地、建设水利设施、滴灌管网智能化操控系统等措施，大幅提升耕地质量和生态产品供给能力 天山花海结合独特的自然禀赋和地理气候条件，发展特色种植业、产品精深加工业、生态旅游业，实现一二三产业联动融合，促进生态产品价值实现。做大"一产"，利用伊犁天山花海弱碱性土地和充足的日照优势，合理布局特色作物种植版块，种植太空蓝、法国蓝等多个薰衣草品种逾 2 万亩；新梅、玉米、小麦、大豆、树上干杏、富硒梨、藜麦、芍药等粮食及特色林果 2 万亩。做优"二产"，建设天山花海精油加工区、保鲜库、研发中心和质检中心等精深加工园区，打造健康油品系列、鲜果干果系列、香料产品系列等特色品牌产品。采用"线上＋线下"的销售模式，打造"疆选"电商平台，拓展销售渠道。做强"三产"，不断完善旅游基础设施，盘活农村闲置房屋和宅基地，出台减免经营者场地租金等优惠政策，吸引当地农牧民开办农家乐；依托薰衣草、特色林果业和珍奇观赏类花卉种植，构建以薰衣草为核	37-1 伊犁哈萨克自治州伊宁县天山花海项目区位于世界自然遗产地伊犁河谷核心区 37-2 伊宁县坚持生态优先、绿色发展的理念，启动实施天山花海一二三产业融合项目，整合花、田、山、草、居等多类资源，通过科学规划、土地整治，提高区域生态环境质量和生态产品供给能力 37-3 组织编制了天山花海项目总体规划 37-4 对荒地开垦和废弃沟渠、废弃水工建筑物用地进行整理，增加可种植土地面积，提高土地利用率 37-5 对退化较严重的天然牧草地进行土壤改良、生态修复和基础设施建设，改善农业生产条件和生态环境 37-6 通过平整土地、建设水利设施、滴灌管网智能化操控系统等措施 37-7 实现一二三产业联动融合，促进生态产品价值实现 37-8 打造了"域见·天山花海"薰衣草品牌、"夏天的果园"鲜果干果品牌、"野地胭脂"健康油品品牌 37-9 激发了农村发展活力，带动了当地农户增收

序号	案例名称	相关资料	开放式编码
37	新疆维吾尔自治区伊犁哈萨克自治州伊宁县	心的旅游吸引物、以体验田园生活为主题的国家农业公园，将天山花海打造成为伊犁河谷旅游产业发展的新引擎 二产加工增效益，完成了全球领先的薰衣草连续蒸馏加工车间建设，打造了"域见·天山花海"薰衣草品牌、"夏天的果园"鲜果干果品牌、"野地胭脂"健康油品品牌，新梅和树上干杏被列入名特优新产品名录 天山花海项目激发了农村发展活力，带动了当地农户增收，盘活了农村闲置房屋和宅基地，增加固定就业岗位2 000 余个，农事、加工和文旅产业每年带动周边村民就业超过20 万人次，日均用工稳定在1 200 人左右，人均月收入3 000 元左右，助力300 多户贫困户脱贫致富	

参考文献

[1] 李小云，杨宇，刘毅. 中国人地关系演进及其资源环境基础研究进展[J]. 地理学报，2016，71（12）：2067-2088.

[2] 王如松，欧阳志云. 社会—经济—自然复合生态系统与可持续发展[J]. 中国科学院院刊，2012，27（3）：337-345.

[3] 靳诚，陆玉麒. 我国生态产品价值实现研究的回顾与展望[J]. 经济地理，2021，41（10）：207-213.

[4] 叶兴庆. 迈向2035年的中国乡村：愿景、挑战与策略[J]. 管理世界，2021，37（4）：98-112.

[5] WUNDER S. Revisiting the concept of payments for environmental services[J]. Ecological economics, 2015, 117: 234-243.

[6] AUTY R M. Natural resources, capital accumulation and the resource curse[J]. Ecological Economics, 2007, 61（4）: 627-634.

[7] MARJAN, VAN, DEN, et al. Transformative agenda or lost in the translation? A review of top-cited articles in the first four years of ecosystem services[J]. Ecosystem Services, 2016: 60-72.

[8] COSTANZA R. Valuing natural capital and ecosystem services toward the goals of efficiency, fairness and sustainability[J]. Ecosystem Services, 2020, 43: 101096.

[9] MONONEN L, AUVINEN A P, AHOKUMPU A L, et al. National ecosystem service indicators: measures of social–ecological sustainability[J]. Ecological Indicators, 2016, 61（FEB.PT.1）: 27-37.

[10] FAN Q Y X Z C. Review of ecosystem services research focusing on China against the background of urbanization[J]. International Journal of Environmental Research and Public Health, 2022, 19（14）: 8271.

[11] GARCÍA N A, GEIJZENDORFFER I R, BARÓ F, et al. Impacts of urbanization around Mediterranean cities: changes in ecosystem service supply [J]. Ecol. Indic, 2018, 91: 589-606.

[12] KOSANIC A P J. A systematic review of cultural ecosystem services and human wellbeing[J]. Ecosystem Services, 2020, 45: 101168.

[13] MANAGI S K P. Inclusive wealth report 2018: measuring progress towards sustainability [M]. London: Routledge, 2018.

[14] EKINS P, SIMON S, DEUTSCH L, et al. A framework for the practical application of the concepts of critical natural capital and strong sustainability[J]. Ecological economics, 2003, 44(2-3): 165-185.

[15] K K. Critical natural capital and sustainability[J]. Rev Environ Econ Pol Stud, 2017, 10(2): 18-31.

[16] KUMAGAI J, WAKAMATSU M, HASHIMOTO S, et al. Natural capital for nature's contributions to people: the case of Japan[J]. Sustainability Science, 2022, 17(3): 919-954.

[17] SELVA G V, PAULI N, KIM M K, et al. Opportunity for change or reinforcing inequality? Power, governance and equity implications of government payments for conservation in Brazil[J]. Environmental Science & Policy, 2020, 105: 102-112.

[18] MA G, PENG F, YANG W, et al. The valuation of China's environmental degradation from 2004 to 2017[J]. 环境科学与生态技术（英文）, 2020(1): 10.

[19] EZZINE-DE-BLAS D, WUNDER S, RUIZ-PÉREZ M, et al. Global patterns in the implementation of payments for environmental services[J]. PloS one, 2016, 11(3): e149847.

[20] JOHANSSON J. Participation and deliberation in Swedish forest governance: the process of initiating a National Forest Program[J]. Forest Policy and Economics, 2016, 70: 137-146.

[21] ROBERTSON M. The work of wetland credit markets: two cases in entrepreneurial wetland banking[J]. Wetlands Ecology and Management, 2009, 17(1): 35-51.

[22] DAILY G C, SOEDERQVIST T, ANIYAR S, et al. The value of nature and the nature of value[J]. Science, 2000, 289(5478): 395-396.

[23] GARROD G, WILLIS K G. Economic valuation of the environment: methods and case studies[M]. Cheltenham: Edward Elgar Publishing, 1999.

[24] 曾贤刚, 虞慧怡, 谢芳. 生态产品的概念、分类及其市场化供给机制[J]. 中国人口·资源与环境, 2014, 24(7): 12-17.

[25] 刘伯恩. 生态产品价值实现机制的内涵、分类与制度框架[J]. 环境保护, 2020, 48(13): 49-52.

[26] 李宏伟, 薄凡, 崔莉. 生态产品价值实现机制的理论创新与实践探索[J]. 治理研究, 2020, 36(4): 34-42.

[27] 张林波, 虞慧怡, 郝超志, 等. 生态产品概念再定义及其内涵辨析[J]. 环境科学研究, 2021, 34(3): 655-660.

[28] 沈茂英, 许金华. 生态产品概念, 内涵与生态扶贫理论探究[J]. 四川林勘设计, 2017(1): 8.

[29] 窦亚权, 李娅, 赵晓迪. 生态产品价值实现: 概念辨析[J]. 世界林业研究, 2022, 35(3): 112-117.

[30] 王金南, 王志凯, 刘桂环, 等. 生态产品第四产业理论与发展框架研究[J]. 中国环境管理, 2021, 13(4): 5-13.

[31] 廖茂林, 潘家华, 孙博文. 生态产品的内涵辨析及价值实现路径[J]. 经济体制改革, 2021(1): 12-18.

[32] 陆小成. 新发展阶段北京生态产品价值实现路径研究[J]. 生态经济, 2022, 38(1): 218-223.

[33] 李燕, 程胜龙, 黄静, 等. 生态产品价值实现研究现状与展望: 基于文献计量分析[J]. 林业经济, 2021, 43(9): 75-85.

[34] 黄颖，温铁军，范水生，等. 规模经济、多重激励与生态产品价值实现：福建省南平市"森林生态银行"经验总结[J]. 林业经济问题，2020，40（5）：499-509.

[35] 张文明，张孝德. 生态资源资本化：一个框架性阐述[J]. 改革，2019（1）：122-131.

[36] 黎元生. 生态产业化经营与生态产品价值实现[J]. 中国特色社会主义研究，2018（4）：84-90.

[37] 刘时栋，刘琳，张建军，等. 基于生态系统服务能力提升的干旱区生态保护与修复研究：以额尔齐斯河流域生态保护与修复试点工程区为例[J]. 生态学报，2019，39（23）：8998-9007.

[38] 张英，成杰民，王晓凤，等. 生态产品市场化实现路径及二元价格体系[J]. 中国人口·资源与环境，2016，26（3）：171-176.

[39] 刘峥延，李忠，张庆杰. 三江源国家公园生态产品价值的实现与启示[J]. 宏观经济管理，2019（2）：68-72.

[40] 牛玲. 碳汇生态产品价值的市场化实现路径[J]. 宏观经济管理，2020（12）：37-42.

[41] 方敏. 生态产品价值实现的浙江模式和经验[J]. 环境保护，2020，48（14）：25-27.

[42] 王茹. 基于生态产品价值理论的"两山"转化机制研究[J]. 学术交流，2020（7）：112-120.

[43] 王夏晖，朱媛媛，文一惠，等. 生态产品价值实现的基本模式与创新路径[J]. 环境保护，2020，48（14）：14-17.

[44] 高晓龙，林亦晴，徐卫华，等. 生态产品价值实现研究进展[J]. 生态学报，2020，40（1）：24-33.

[45] 张倩霓，王晓欣，钱贵霞. 基于"两山"发展模型的生态产品价值实现路径：以内蒙古为例[J]. 生态经济，2022：1-16.

[46] 刘耕源，何萍，王永阳. 农业生态产品及其价值实现路径[J]. 应用生态学

报，2021，32（2）：737-749.

[47] 刘畅，刘耕源，廖少锴，等.海洋生态产品及其价值实现路径[J].中国国土资源经济，2022，35（4）：51-63.

[48] 周一虹，郭建超.基于甘肃甘南草原旅游服务的生态产品价值实现研究[J].会计之友，2020（11）：138-143.

[49] 牛香，宋庆丰，王兵，等.吉林省森林生态系统服务功能[J].东北林业大学学报，2013，41（8）：36-41.

[50] 宋庆丰，牛香，王兵.黑龙江省森林资源生态产品产能[J].生态学杂志，2015，34（6）：1480-1486.

[51] 印慧，伍海泉.脱贫攻坚视角下森林生态产品供给有效路径选择：基于黑龙江省的实证分析[J].资源开发与市场，2021，37（2）：136-140.

[52] 贺义雄，张怡卉，李春林.基于RSBM-DEA模型的舟山市水生态产品供给效率及影响因素[J].水资源保护，2022，38（4）：195-203.

[53] 高玉娟，张莹.国有林区生态生产总值GEP核算及生态贡献度研究[J].林业经济问题，2020，40（2）：173-180.

[54] 刘耕源，王硕，颜宁聿，等.生态产品价值实现机制的理论基础：热力学，景感学，经济学与区块链[J].中国环境管理，2020，12（5）：28-35.

[55] 马国霞，於方，王金南，等.中国2015年陆地生态系统生产总值核算研究[J].中国环境科学，2017，37（4）：1474-1482.

[56] 欧阳志云，朱春全，杨广斌，等.生态系统生产总值核算：概念、核算方法与案例研究[J].生态学报，2013，33（21）：6747-6761.

[57] 石敏俊，陈岭楠.GEP核算：理论内涵与现实挑战[J].中国环境管理，2022，14（2）：5-10.

[58] 孙博文.建立健全生态产品价值实现机制的瓶颈制约与策略选择[J].改革，2022（5）：34-51.

[59] 张文明.正确认识生态资源经济属性[J].中国经贸导刊，2019（16）：61-64.

[60] 王雨辰.习近平生态文明思想视域下的"人与自然和谐共生的现代化"[J].

求是学刊，2022，49（4）：11-20.

[61] 蒋凡，秦涛."生态产品"概念的界定、价值形成的机制与价值实现的逻辑研究[J].环境科学与管理，2022，47（1）：5-10.

[62] 于丽瑶，石田，郭静静.森林生态产品价值实现机制构建[J].林业资源管理，2019（6）：28-31.

[63] 虞慧怡，张林波，李岱青，等.生态产品价值实现的国内外实践经验与启示[J].环境科学研究，2020，33（3）：685-690.

[64] 高晓龙，程会强，郑华，等.生态产品价值实现的政策工具探究[J].生态学报，2019，39（23）：8746-8754.

[65] MILLER D. Configurations of strategy and structure: towards a synthesis[J]. Strategic Management Journal, 1986, 7（3）: 233-249.

[66] 李繁荣，戎爱萍.生态产品供给的PPP模式研究[J].经济问题，2016（12）：11-16.

[67] 张林波，虞慧怡，李岱青，等.生态产品内涵与其价值实现途径[J].农业机械学报，2019，50（6）：173-183.

[68] 王建华，贾玲，刘欢，等.水生态产品内涵及其价值解析研究[J].环境保护，2020，48（14）：37-41.

[69] 赵斌，郑国楠，王丽，等.公共产品类生态产品价值实现机制与路径[J].地方财政研究，2022（4）：35-46.

[70] WALSH I, HOLTON J A, BAILYN L, et al. What grounded theory is…a critically reflective conversation among scholars[J]. Organizational Research Methods, 2015, 18（4）: 575-577.

[71] 张敬伟.扎根理论研究法在管理学研究中的应用[J].科技管理研究，2010，30（1）：235-237.

[72] 王瑞峰，李爽.乡村产业高质量发展的影响因素及形成机理：基于全国乡村产业高质量发展"十大典型"案例研究[J].农业经济与管理，2022（2）：24-36.

[73] 贾旭东, 谭新辉. 经典扎根理论及其精神对中国管理研究的现实价值[J]. 管理学报, 2010, 7(5): 656-665.

[74] 胡海, 庄天慧. 共生理论视域下农村产业融合发展: 共生机制、现实困境与推进策略[J]. 农业经济问题, 2020(8): 68-76.

[75] 潘丹, 余异. 乡村多功能性视角下的生态产品价值实现与乡村振兴协同[J]. 环境保护, 2022, 50(16): 12-17.

[76] 王斌. 生态产品价值实现的理论基础与一般途径[J]. 太平洋学报, 2019, 27(10): 78-91.

[77] 魏丽莉, 杨颖. 绿色金融: 发展逻辑、理论阐释和未来展望[J]. 兰州大学学报(社会科学版), 2022, 50(2): 60-73.

[78] 张丽佳, 周妍. 建立健全生态产品价值实现机制的路径探索[J]. 生态学报, 2021, 41(19): 7893-7899.

[79] 何寿奎, 徐建卿. 乡村振兴与生态资本价值实现融合的内在逻辑、机制与路径研究[J]. 云南民族大学学报(哲学社会科学版), 2022, 39(5): 117-124.

[80] 孙博文. 建立健全生态产品价值实现机制的瓶颈制约与策略选择[J]. 改革, 2022(5): 34-51.

[81] 杜运周, 贾良定. 组态视角与定性比较分析(QCA): 管理学研究的一条新道路[J]. 管理世界, 2017(6): 155-167.

[82] STEPHEN, VAISEY. QCA 3.0: the "ragin revolution" continues[J]. Contemporary Sociology, 2009, 38(4): 308-312.

[83] 刘司可, 黄家顺, 彭智敏. 长江经济带老工业基地城市产业转型升级: 基于定性比较分析的解释[J]. 城市问题, 2021(4): 43-51.

[84] BERG-SCHLOSSER D, MEUR G D, RIHOUX B, et al. Qualitative comparative analysis(QCA)as an approach[M]. //Rihoux B, Ragin C. Configurational comparative methods: qualitative Comparative analysis(QCA)and related techniques. Los Angeles: Sage Publictions, 2008: 1-18.

[85] 王金南, 王志凯, 刘桂环, 等. 生态产品第四产业理论与发展框架研究 [J]. 中国环境管理, 2021, 13（4）: 5-13.

[86] 王晓欣, 张倩霓, 钱贵霞, 等. 生态产品价值实现成效评价 [J]. 干旱区资源与环境, 2023, 37（1）: 9-15.

[87] 王瑞峰. 乡村产业高质量发展的内涵特征、影响因素及实现路径: 基于全国乡村产业高质量发展 "十大典型" 案例研究 [J]. 经济体制改革, 2022（1）: 73-81.

[88] FISS P C. Building better causal theories: a fuzzy set approach to typologies in organization research[J]. Academy of Management Journal, 2011, 54（2）: 393-420.

[89] 杜运周, 刘秋辰, 程建青. 什么样的营商环境生态产生城市高创业活跃度? : 基于制度组态的分析 [J]. 管理世界, 2020, 36（9）: 141-155.

[90] BELL R G, FILATOTCHEV I, AGUILERA R V. Corporate governance and investors' perceptions of foreign IPO value: an institutional perspective[J]. The Academy of Management Journal, 2014, 57（1）: 301-320.

[91] BO-JIE, FU, CHANG-HONG, et al. Double counting in ecosystem services valuation: causes and countermeasures[J]. Ecological Research, 2011, 26（1）: 1-14.

[92] BRUNSDON C, FOTHERINGHAM A S, CHARLTON M. Some notes on parametric significance tests for geographically weighted regression[J]. Journal of Regional Science, 1999, 39: 497-524.

[93] JIANG W, WU T, FU B. The value of ecosystem services in China: a systematic review for twenty years[J]. Ecosystem Services, 2021, 52.

[94] 彭薇, 冯邦彦. 经济学关于空间异质性的研究综述 [J]. 华东经济管理, 2013, 27（3）: 155-160.

[95] 沈镭, 安黎, 钟帅. 中国资源环境新格局的稳定性与影响因素分析 [J]. 中南大学学报（社会科学版）, 2022, 28（3）: 82-96.

[96] ZHANG B，QIAO H，et al. Growth in embodied energy transfers via China's domestic trade：evidence from multi-regional input–output analysis[J]. Applied Energy-Barking Then Oxford，2016.

[97] 周斌，陈雪梅.新时代中国生态产品价值实现机制研究[J].价格月刊，2022（5）：28-33.

[98] 郭韦杉，李国平.欠发达地区实现共同富裕的主抓手：生态产品价值实现机制[J].上海经济研究，2022（2）：76-84.

后 记

以习近平新时代中国特色社会主义思想为指导，全面贯彻党的二十大和二十届二中、三中全会精神，深入贯彻落实习近平总书记关于"三农"工作的重要论述，锚定建设农业强国目标，树立大农业观、大食物观，推进农业供给侧结构性改革，在保护好生态环境的前提下，由耕地资源向整个国土资源拓展，由传统农作物和畜禽资源向更丰富的生物资源拓展，有效促进食物新品种、新领域、新技术开发，加快构建粮经饲统筹、农林牧渔结合、植物动物微生物并举的多元化食物供给体系，实现各类食物供求平衡，为确保国家粮食安全、建设农业强国提供坚实保障。

树立大农业观、大食物观，农林牧渔并举，构建多元化食物供给体系，是党中央提出的明确要求，是保障粮食和重要农产品稳定安全供给的客观要求与重要举措。为推动把农业建成现代化大产业，巩固提升粮食综合生产能力，全方位、多途径开发食物资源，保障各类食物有效供给，更高质量满足人民群众多元化食物消费和营养健康需求。

在"大生态观"视域下，解决食物问题不能局限于传统的农学、生态学等学科范畴，而应该在现代生态观的指导下，进一步拓展生态的内涵和外延。在实践中，要明白生态环境优劣与食物的产量和品质息息相关，统筹考虑整个自然生态系统的可持续发展，主动处理好人与自然的辩证关系，把蔚蓝的天空、清新的空气、碧绿的草地、洁净的水体、富氧的森林和安全的土壤等良好的自然生态环境作为打造可持续性食物系统的保障，实现人与自然和谐共生，使我们所处的生态环境更优、更好、更美，保证我们的食物都是无公害的、绿色的，为我们分享美味佳肴提供更加牢靠的生态安全屏障。

尽管书中存在不足，待今后相关研究不断完善，但生态产品价值实现的研究仍然非常具有现实意义和理论价值，对这一领域的研究必将多学科交叉融合，形成体系更完整、内涵更丰富的研究成果。